Starke Worte

Barbara Lukesch | Balz Spörri

STARKE WORTE

50 Persönlichkeiten über den Satz ihres Lebens

Fotografien von Pascal Mora

WÖRTERSEH

Das Motto auf nebenstehender Seite ist Imre Kertész, »Kaddisch für ein nicht geborenes Kind« entnommen.
Deutsche Übersetzung von György Buda und Kristin Schwamm,

Lektorat und Korrektorat: Andrea Leuthold, Zürich
Umschlaggestaltung: Thomas Jarzina, Köln
Layout, Satz und herstellerische Betreuung: Rolf Schöner, Aarau
Druck und Bindung: CPI books, Ulm

ISBN 978-3-03763-002-0

www.woerterseh.ch

»... das hat mich wiederum in dem Glauben bestärkt, dass die Sätze, die uns nötig sind, früher oder später zu uns finden ...«

Imre Kertész

Inhalt

Vorwort

Es gibt Sätze im Leben, die man nie vergisst. Sätze, die Mut machen. Sätze, die erheitern oder trösten. Sätze, die Klarheit schaffen, wenn alles im Nebel zu verschwimmen droht.

Doch welche Sätze sind es, die uns bleiben? Und weshalb gerade diese? In seinem Roman »Kaddisch für ein nicht geborenes Kind« schreibt der ungarische Nobelpreisträger Imre Kertész, dass die Sätze, die uns nötig sind, irgendwann zu uns finden.

Dies ist eine schöne Vorstellung. Vielleicht, so hoffen wir, wird dem einen oder der anderen bei der Lektüre dieses Buches auch ein Satz zufliegen.

Am Anfang des Projektes, das Sie jetzt in den Händen halten, stand eine Idee: Wir wollten fünfzig Persönlichkeiten aus Sport, Politik, Wirtschaft, Wissenschaft, Kultur und Gesellschaft danach fragen, ob es einen Satz gibt, der sie durch ihr Leben begleitet hat und der ihnen besonders am Herzen liegt.

Wir waren unsicher, ob uns dies gelingen würde. Doch es zeigte sich rasch, dass die meisten der angefragten Personen unserem Ansinnen sehr wohlwollend gegenüberstanden.

Die Texte in diesem Buch sind auf unterschiedliche Weise zustande gekommen. Einige der Angefragten hatten Lust, den Text selbst zu schreiben. Andere, die im Ausland leben, erzählten uns ihre Geschichte am Telefon. Die meisten aber trafen wir zu einem Gespräch, das wir anschliessend in Textform brachten.

Wir sind glücklich, dass es uns gelungen ist, tatsächlich fünfzig Persönlichkeiten aus den unterschiedlichsten Bereichen für unser Buch zu gewinnen.

Allen beteiligten Frauen und Männern gebührt unser Dank. Sie schenkten uns ihre Zeit und liessen uns teilhaben an ihren oft sehr persönlichen Gedanken.

Grosser Dank gehört auch dem Fotografen Pascal Mora, der das Unmögliche möglich gemacht hat. Es gelang ihm, bis auf zwei alle fünfzig Persönlichkeiten zu porträtieren.

Herzlich danken möchten wir auch allen guten Geistern im Hintergrund, die uns bei der Realisierung dieses Buches unterstützt haben: Türöffnerinnen, Mutmachern, Ideengeberinnen. Ohne sie wären wir um viele Sätze ärmer.

Barbara Lukesch   Balz Spörri

Beatrice Tschanz Kramel

»Nicht was wir erleben, sondern wie wir empfinden, was wir erleben, macht unser Schicksal aus.«

In der Mittelschule, ich war fünfzehn, sechzehn Jahre alt, habe ich unendlich für meinen Deutschlehrer, den Herrn Iten, geschwärmt. Er war ein älterer, sehr belesener und gebildeter Berner, ein Ibsen- und Dostojewski-Kenner, und so habe ich Ibsen und Dostojewski gelesen und jede Gelegenheit genutzt, um mit ihm über »Nora« und »Die Brüder Karamasow« zu diskutieren. Wenn wir einen Aufsatz schreiben mussten, habe ich mir alle erdenkliche Mühe gegeben, um gross rauszukommen.

Eines Tages prangte dann auch unter einer grösseren Arbeit – ich kann mich leider nicht mehr an das Thema erinnern – eine Sechs, ergänzt um den handgeschriebenen Satz: »Nicht was wir erleben, sondern wie wir empfinden, was wir erleben, macht unser Schicksal aus – Marie von Ebner-Eschenbach.«

Ich bin fast geplatzt vor Stolz, mein Glück war grenzenlos. Wieder und wieder habe ich diesen Ausspruch gelesen, der so wunderbar zu der romantischen Stimmung passte, in der ich mich damals als Teenager befand. Endlich hatte mich jemand erkannt, endlich fühlte ich mich verstanden. Die Empfindungen – was sonst? – waren das Entscheidende in meinem Leben. Ich suchte einen Kalligrafen auf und liess diese für mich so bedeutungsvollen Worte auf kunstvolle Art auf einen schönen weissen Bogen zeichnen und rahmte ihn ein. Von nun an hing er über meinem Bett, und es verging kein Tag, an dem ich meinen Leitspruch nicht zur Kenntnis genommen hätte.

Interessanterweise hat dieser Satz mich über meine Jugend hinaus begleitet, ja noch heute im Alter von vierundsechzig ist er mir gegenwärtig und hat seine Wirkung nicht verloren. Er ist so etwas wie ein Sicherungsseil geworden, das mir in schweren Stunden Halt geben kann.

Als das Flugzeugunglück in Halifax passierte, in der Nacht vom 2. auf den 3. September 1998, und ich als Kommunikationsverantwortliche zu sofortigem Handeln gezwungen war, stand er mir wieder vor Augen und wurde zu meiner Wegleitung: Ich zeigte meine Empfindungen und wurde damit von vielen Menschen als glaubwürdig und authentisch wahrgenommen.

Auch in den langen Jahren, in denen mein erster Mann schwer krank war und wir beide wussten, dass diese Krankheit zu seinem Tod führen würde, hat mir dieser Satz wiederholt Kraft gegeben. Natürlich erlebte ich damals Schweres und Bedrückendes, aber gleichzeitig empfand ich in dieser Zeit auch grosse Dankbarkeit für die gemeinsam verbrachten fünfundzwanzig Jahre. Sogar angesichts seines Todes nahm ich Empfindungen wahr, die mich reich machten. Ich sage ausdrücklich Empfindungen, nicht Gefühle oder Emotionen, weil ich damit etwas sehr viel Subtileres und Feineres zum Ausdruck bringen möchte.

Ja, dieser Herr Iten hat dem damaligen Fräulein Geiser vor bald fünfzig Jahren wirklich ein einzigartiges Geschenk gemacht, dessen lang anhaltende Wirkung ihm mit Sicherheit nicht bewusst war.

Beatrice Tschanz Kramel kam 1944 in Zürich zur Welt. Nach dem Besuch des Handelsgymnasiums absolvierte sie Sprach- und Geschichtsstudien in Oxford, Barcelona und Paris. Während zwei Jahren war sie für eine Schweizer Grossbank in Brasilien tätig und schlug dann eine Laufbahn im Journalismus ein. 1987 wechselte sie in die Unternehmenskommunikation und war Kommunikationsverantwortliche für Ringier, Jelmoli und die Swissair. Danach wurde sie Geschäftsleitungsmitglied des Medizinaltechnologie-Konzerns Sulzer Medica, später Centerpulse. Seit 2003 ist sie selbstständige Kommunikationsberaterin und Verwaltungsrätin bei Valora und der Martin Spühler AG. Sie lebt mit ihrem zweiten Mann an der Zürcher »Goldküste«.

Pascal Couchepin

»Die Frage ist der Jagdhund der Intelligenz.«

Eine der schönsten Zeiten meines Lebens waren die Jahre zwischen fünfzehn und achtzehn. Die Welt war damals interessant, denn es taten sich überall Fragen auf. Ich entdeckte, dass ich eigene Ideen entwickeln konnte.

Zu dieser Zeit hatte ich einen Lehrer, der mich stark beeinflusst hat. Er forderte uns auf, uns jeweils am Ende eines Jahres zu fragen, welche Wörter während des abgelaufenen Jahres ihre Bedeutung verändert hatten. Zum Beispiel Freund, Liebe, Politik, Feind, Intelligenz.

Diesen Rat habe ich befolgt. Am Ende jedes Jahres, aber auch zwischendurch frage ich mich: Welche Erfahrungen habe ich gemacht? Welche Wörter haben einen anderen Sinn bekommen? Wie haben sich die Beziehungen zu anderen Menschen entwickelt? Was hat sich verändert?

Wenn ich Leute sehe, die nur noch von der Vergangenheit sprechen, macht mir das Angst. Dann frage ich mich, weshalb so viele Leute Angst vor Veränderungen haben, das sollte doch nicht so sein. Man sollte sich fragen, ob etwas Neues gut oder schlecht ist. Der Mensch ist nur lebendig, solange sich etwas entwickelt.

In der Politik hat sich in den letzten Jahren manches verändert. Wichtige Begriffe haben eine neue Bedeutung bekommen. Der Nationalstaat zum Beispiel hat durch die Globalisierung und internationale Abkommen einen Teil seiner Attribute verloren. Es stellen sich neue Fragen wie: Hat die Demokratie Grenzen? Was ist wirklich demokratisch? Was kann man aufgeben, ohne den wahren Kern der Demokratie zu verlieren?

Auch ich selbst habe mich verändert. Ich bin gelassener geworden. Ich habe viel mehr Respekt für die Politiker als vor dreissig oder vierzig Jahren, vor allem auch für jene auf Gemeinde- oder Kantonsebene. Es ist nicht immer intelligent, was die Politiker tun. Nicht immer mutig. Aber es sind alles Leute, die etwas Gutes für das Land erreichen wollen.

Das erste Buch, das mich wirklich zum Denken bewegt hat, war ein Werk C.G. Jungs über den Menschen auf der Suche nach seiner Seele. Zum ersten Mal war da ein Buch, das sagte: Was man sieht, ist nicht immer die Realität. Dahinter gibt es noch eine andere Realität. Und danach soll man fragen.

Ich habe schon als Kind gerne Fragen gestellt. In Martigny gab es einen Domherrn, der mich kannte, seit ich fünf Jahre alt war. Damals starb mein Vater. Dieser Domherr sagte vor ein paar Jahren zu mir: »Ich bin froh, dass ich so lange leben durfte. Du hast mir als Fünfjähriger Fragen gestellt, auf die ich nicht gleich eine Antwort wusste. Und ich habe immer gehofft, so lange zu leben, dass ich sehen kann, was aus diesem kleinen Knaben geworden ist.« Eines Tages ging meine Frau in Martigny zu ihm in die Kirche. Es war zu einer Zeit, als ich im

Bundesrat heftig angegriffen wurde. Als meine Frau während der Kommunion vor ihm stand, sagte er zu ihr: »Sag Pascal, er macht es gut. Und jetzt, geh weiter!« Das war ein wunderbares Kompliment.

»Die Frage ist der Jagdhund der Intelligenz.« In diesem Satz, den einmal ein Freund von mir gesagt hat, erkenne ich meine Grundüberzeugungen wieder. Intelligenz ist die Fähigkeit, etwas zu verstehen. Und um etwas zu verstehen, muss man Fragen stellen. Es gibt Leute, die vielleicht keinen grossen Wortschatz haben, die aber sehr intelligent sind. Wenn man mit jemandem spricht, spürt man sofort, ob er intelligent ist oder nur gut ausgebildet.

Kinder haben viele Fragen. Später nehmen die Fragen ab. Man kann problemlos durchs Leben gehen, ohne Fragen zu stellen. Für viele Leute ist das bequemer. Es beruhigt sie, wenn sie immer genau wissen, was sie zu denken haben. Wenn sie nur wiederholen müssen, was andere schon gesagt haben oder was in der Zeitung steht. Doch das ist sehr schade. Menschen, die keine Fragen haben, sind sich immer absolut sicher. Doch im Grunde genommen sind sie dumm und tot.

Pascal Couchepin wurde 1942 in Martigny VS geboren. Er studierte Rechtswissenschaft. Seine politische Karriere begann 1968, als der FDP-Politiker in die Exekutive seiner Geburtsstadt gewählt wurde. Von 1984 bis 1998 war er Stadtpräsident von Martigny. 1979 nahm er Einsitz in den Nationalrat, 1998 wurde er zum Bundesrat gewählt, 2003 und 2008 amtierte er als Bundespräsident. Pascal Couchepin ist verheiratet und Vater von drei Kindern.

Milena Moser

»Tout se paye dans cette chienne de vie –
In diesem Hundeleben hat alles seinen Preis.«

Philippe Djian war das Idol meiner Jugend. Als ich zwanzig, einundzwanzig Jahre alt war und eine Zeit lang in Paris lebte, habe ich seine Romane verschlungen, wieder und wieder. Darunter auch »37°2 le matin«, die Vorlage zu dem Film »Betty Blue«. Wenn mich nicht alles täuscht, war es dieser Roman, in dem ich auf jenen Satz gestossen bin, der mein junges Herz im Kern traf: »Tout se paye dans cette chienne de vie – In diesem Hundeleben hat alles seinen Preis.« Wie wahr, schrie es in mir. Erging es mir nicht genauso? Wenn ich einmal fünf Minuten glücklich war, bekam ich garantiert am nächsten Tag wieder eins aufs Dach. Da verliebte ich mich in einen jungen Mann, und prompt liess er mich sitzen. Ich schrieb ein Buch, und wie konnte es anders sein, die Kritiker zerrissen es in der Luft. Das Leben war ungerecht und meinte es schlecht mit mir. Ich hatte wie wohl viele Gleichaltrige einen verheerenden Hang zum Dramatisieren und Schwarzmalen.

Obwohl nicht katholisch, hing ich der genussfeindlichen Maxime an: Für jeden Glücksmoment muss der Mensch büssen.

Djians Satz ging mir nie wieder aus dem Sinn; er wurde so etwas wie mein ständiger Begleiter. Doch mit den Jahren passierte etwas Spannendes: Ich begann, diese Worte mit anderen Augen zu sehen. Ich interpretierte sie um. Hatte ich sie zunächst rein negativ verstanden, bekamen sie mit der Zeit eine neue, positive Färbung. Das klang dann so: »Alles, was du in deinem Leben machst, hat Folgen.« Das heisst, wenn ich handle und mein Leben in die eigenen Hände nehme, kann ich gewinnen, aber auch verlieren oder – und das war entscheidend – auch beides.

Ich denke da an meine acht Jahre in San Francisco. In dieser Zeit habe ich für meine Verhältnisse wenig gearbeitet und vor allem wenig verdient. Ich habe die Kontakte zu Zeitungen und Zeitschriften, für die ich Kolumnen oder Artikel geschrieben habe, nahezu auf null heruntergefahren. Dafür aber habe ich meine drei Bücher »Bananenfüsse«, »Sofa, Yoga, Mord« und »Schlampenyoga« geschrieben. Ich habe Neues ausprobiert wie Yoga, was ich in der Schweiz nie gewagt hätte. Was hätten die Leute auch von mir denken können. Oder, noch wilder, ich habe in einem Chor mitgesungen. Ich, eine Person, die überhaupt nicht singen kann, bin jeweils in der Neujahrsnacht mit meinem Chor aufgetreten und habe die Neunte Symphonie von Beethoven geschmettert. Unglaublich. In Zürich wäre ich vor Scham im Boden versunken. In den USA aber genoss ich viel mehr Freiheit und vor allem Anonymität. Unter dem Strich war es also völlig richtig, auszuwandern. Nachteile hin oder her.

Ich weiss, das klingt ein bisschen nach Selbsthilfegruppe. Aber mir hat die Abkehr von reinstem Schwarz-Weiss hin zum relativierenden Sowohl-als-auch das Leben leichter gemacht.

Wie hätte ich mich als Zwanzigjährige in meinem Elend gesuhlt, wenn ich wie letzten Dezember Opfer eines Entreissdiebstahls geworden wäre. Ich war mit einer Freundin für ein verlängertes Wochenende in Barcelona; wir wollten nochmals ausspannen, bevor der grosse Weihnachtsstress begann. Da überfielen mich zwei junge Männer, rissen mir die Handtasche weg und stiessen mich so brutal zu Boden, dass ich mir den Knöchel brach und operiert werden musste. Als junge Frau hätte ich gewusst, dass dies nur die Strafe dafür sein konnte, dass ich mir ein schönes Leben machte, statt daheim in der Küche zu stehen und für meine Familie Grittibänze zu backen. Heute sehe ich, dass dieses Erlebnis noch ganz andere Folgen hat. Ein Deutscher namens Jogi – kein Witz – fand meine Tasche, entdeckte darin einige Etiketten mit meiner E-Mail-Adresse, schrieb mir eine Mail und bat um meine Postanschrift. Das Ende vom Lied? Er schickte mir meine Tasche in die Schweiz zurück, und ich habe den Kontakt zu einem Menschen geknüpft, den ich auf meiner nächsten Reise nach Spanien ganz sicher besuchen werde. Dieses Hundeleben hat tatsächlich seinen Preis, wirft aber immer auch reichlich Gewinn ab.

Milena Moser wurde 1963 in Zürich geboren. Schon als Achtjährige war sie fest entschlossen, eines Tages Schriftstellerin zu werden. Zunächst machte sie allerdings eine Ausbildung zur Buchhändlerin, zog dann für längere Zeit nach Paris und schrieb ihr erstes Buch. Inzwischen hat sie dreizehn Romane und Erzählbände veröffentlicht, darunter Bestseller wie »Die Putzfraueninsel« (1991), »Das Schlampenbuch« (1992) und »Blondinenträume« (1994). Sie ist verheiratet, hat zwei Söhne und lebt mit ihrer Familie im Kanton Aargau.

Erich von Däniken

»Ich bin, wie ich bin. Die einen kennen mich, die andern können mich.«

1968 erschien mein erstes Buch, »Erinnerungen an die Zukunft«. Darin vertrat ich die These, dass Ausserirdische vor Jahrtausenden die Erde besucht haben. Sofort wurde ich heftig kritisiert. Ich war zu dieser Zeit noch Direktor eines Hotels in Davos und hatte verschiedene interessante Gäste. Darunter war der alte Professor Hermann Oberth. Oberth hatte als Jugendlicher Jules Vernes' Roman »Eine Reise zum Mond« gelesen. Darin fantasiert Verne, dass drei Menschen in einer hohlen Kanonenkugel den Mond erreichen könnten. Oberth war fasziniert von diesem Roman. Er war der Erste, der berechnete, wie viel Schub es tatsächlich braucht, damit eine Rakete die Erde verlassen kann, und zwar so, dass die Menschen den Flug überleben. 1923 erschien Oberths Buch »Die Rakete zu den Planetenräumen«, und seither gilt er als Vater der Raumfahrt. Wernher von Braun, der später wesentlich am US-Mondflugprogramm »Apollo« beteiligt war, war ein Schüler Oberths. Dieser Hermann Oberth war damals schon alt. Er war im Sommer 1968 bei mir zu Gast im Hotel Rosenhügel. Er hatte mein Buch »Erinnerungen an die Zukunft« mit Freude gelesen und mir dafür gratuliert. Als ich ihm erzählte, dass ich für meine verrückte Idee ziemlich niedergemacht würde, sagte er zu mir: »Merken Sie sich eins, junger Mann: Sie sind, was Sie sind. Die einen kennen Sie und wissen, welche Qualitäten Sie haben. Und die andern, die können Sie.«

Oberth war mit seiner Tochter in Davos. Von seinen politischen Einstellungen, er hatte in Peenemünde an Hitlers Raketenprogramm gearbeitet, hatte ich keine Ahnung, wir haben auch nie darüber diskutiert. Aber dieser Satz ist mir geblieben: »Ich bin, wie ich bin. Die einen kennen mich, die andern können mich.«

Ich wusste schon vor den »Erinnerungen an die Zukunft«, dass ich auf einem Vulkan sass. Aber ich hätte nie gedacht, dass dieses Buch weltweit ein solcher Erfolg würde und zugleich eine solche Welle der Kritik auslösen könnte. Da braucht man schon ein dickes Fell.

Als junger Mann ist man vielleicht etwas überheblich. Und auch leichtgläubig. Selbstkritik liegt einem fern. Später merkt man, dass die Kritiker da und dort recht gehabt haben. Mit der Erfahrung wird man bescheidener.

Ich habe mich in vielen Einzelheiten geirrt. Ich habe über die Stränge gehauen, ich habe Indizien verwendet, die nicht zulässig waren. Doch im Grunde der Sache liege ich richtig, davon bin ich restlos überzeugt: Vor Jahrtausenden waren einmal Ausserirdische auf der Erde. Die Menschen glaubten irrtümlicherweise, dass diese Ausserirdischen Götter waren, und daraus sind die Religionen entstanden. Das stimmt definitiv.

Einen objektiven Beweis habe ich noch nicht gefunden, obwohl ich überzeugt bin, dass er irgendwo liegt. Aber ich habe eine Menge Indizien. Auch die Anthropologie oder die Archäologie leben vom Indizienbeweis. Auch dort gibt es keine »Beweise«, sondern die Forscher interpretieren Objekte, die sie gefunden haben.

Die Zukunft läuft mir entgegen. Heute ist man viel eher bereit, die Frage nach ausserirdischem Leben ernst zu nehmen. Die Suche wird dank modernster Technik und Elektronik immer raffinierter. Irgendwann kracht es. Und dann wird man erkennen, was ich schon lange behaupte: Vor Jahrtausenden waren sie mal da.

Erich von Däniken wurde 1935 in Zofingen AG geboren. Schon am Gymnasium interessierte er sich für Archäologie, Weltraumfahrt, Futurologie und Religionsphilosophie. Zunächst machte er eine Koch- und Kellnerlehre und arbeitete im Gastgewerbe. 1968 erschien sein Erstling »Erinnerungen an die Zukunft«. Seither sind von ihm 26 Bücher (Gesamtauflage: 63 Millionen) sowie diverse TV-Serien, Hörbücher und CD-Roms erschienen. Von Däniken ist verheiratet, Vater einer Tochter und lebt in Beatenberg BE.

Tranquillo Barnetta

»Geniesse jeden Moment, denn es kann von einer Sekunde auf die andere alles vorbei sein.«

Am 9. Oktober 2004 spielte ich mit der Schweizer Nationalmannschaft in Tel Aviv gegen Israel. Ich hatte gerade den Sprung in die Nationalmannschaft geschafft. Es war mein zweites Länderspiel, der Beginn der WM-Qualifikation. Die Wochen zuvor waren für mich fantastisch gewesen. Ich hatte im Sommer von St. Gallen zu Hannover 96 in die Bundesliga gewechselt und mich an die Mannschaft herangekämpft. Am Wochenende vor dem Israel-Spiel stand ich zum zweiten Mal in der Startformation und erzielte gleich mein erstes Bundesliga-Tor. Ich war glücklich, an diesem Abend in Tel Aviv dabei zu sein. Nach etwa einer halben Stunde wurde ich von hinten grob gefoult. Die Ärzte kamen sofort aufs Spielfeld. Zuerst dachte ich, ich könnte noch weiterspielen. Doch es ging nicht. Die erste Diagnose in der Kabine lautete: Kreuzbandriss. Ich wusste innerlich, dass sie richtig war. Für mich brach eine Welt zusammen. Ein Kreuzbandriss ist eine der schwersten Verletzungen, die sich ein Fussballspieler zuziehen kann. Mir war klar, dass ich sechs Monate lang nicht mehr spielen könnte. Es war brutal. Gerade noch lief alles für mich. Jetzt war mit einem Schlag alles vorbei. Ich mache dem israelischen Spieler keinen Vorwurf. Er stieg zwar übertrieben hart ein, doch er hatte nicht die Absicht, mich zu verletzen. Entschuldigt hat er sich nie.

Als wir zurück im Hotel waren, sprachen mir die Kollegen Mut zu. Sie sagten, ich sei ja noch jung, das komme sicher wieder. Langsam richtete ich den Blick nach vorne. Ich bin einer, der positiv denkt. Man muss solche Dinge akzeptieren, ändern kann man sie sowieso nicht.

Die ersten Tage nach der Verletzung waren gar nicht so schlimm. Es passierte an einem Samstag, am Mittwoch darauf wurde ich operiert. Doch die Phase danach war hart. Die ersten acht Wochen blieb ich nach Absprache mit meinem Verein in der Schweiz, in meinem gewohnten Umfeld, bei den Kollegen und meiner Familie. Das half mir viel. Doch die Zeit der Rehabilitation wollte nicht enden. Man geht jeden Tag in die Physiotherapie, macht Krankengymnastik, bewegt sich ein bisschen hin und her. Es braucht Geduld. Man muss warten, bis sich der Körper regeneriert hat. Das lässt sich nicht beschleunigen. In dieser Phase, als ich jeden Tag im Kraftraum war und nicht das tun konnte, was ich am liebsten tue, nämlich Fussball spielen, hat sich mir dieser Satz eingeprägt: »Geniesse jeden Moment, denn es kann von einer Sekunde auf die andere alles vorbei sein.«

Als Fussballer weiss man, dass Verletzungen vorkommen können. Aber erst nach diesem Kreuzbandriss wurde mir wirklich bewusst, wie schnell etwas passieren kann. Ich hatte das Glück, dass ich nach einem halben Jahr Pause ohne Komplikationen wieder spielen konnte. Acht Monate nach der Verletzung gab ich in der Nationalmannschaft mein Comeback.

Andere hatten nach einer solchen Verletzung viel grössere Probleme.

Heute ist dieser Vorfall für mich abgeschlossen. Ich bin im Kopf noch stärker geworden. Und ich nehme seither vieles bewusster wahr als früher. Ich habe gemerkt, dass Fussballspielen wahnsinnig viel Spass macht. Es ist das, was ich jeden Tag tun will. Darum versuche ich es zu geniessen, solange ich diese Möglichkeiten habe. Jeden Moment.

Tranquillo Barnetta wurde 1985 in St. Gallen geboren. Er begann mit fünf Jahren, Fussball zu spielen. Als siebzehnjähriger KV-Lehrling schaffte er den Sprung in die erste Mannschaft des FC St. Gallen. 2004 verpflichtete ihn der Bundesligaklub Bayer Leverkusen, lieh ihn aber für eine Saison an Hannover 96 aus. Seit 2005 spielt er bei Leverkusen. 2002 wurde er mit dem Schweizer U-17-Team Europameister. 2004 debütierte er in der Nationalmannschaft.

Brigitte Woggon

»Brigittchen, vergiss nie, du kommst aus der Hefe, und die Hefe hat Kraft!«

Ich hatte als Kind eine sehr schwere orthopädische Erkrankung, die verschiedene Behandlungen und tägliches Muskeltraining notwendig machte. Wenn ich nur schon das Wort Krankenhaus hörte, wurde mir schlecht. Als ich dann mit sechzehn, siebzehn trotzdem auf die Idee kam, Medizin zu studieren, war meine Familie, die mich sehr lieb hatte, dagegen. Es sei doch unsinnig, einen Beruf zu ergreifen, bei dem ich stundenlang stehen müsste und damit gesundheitlich überfordert wäre. Ausserdem war ich seit dem fünfzehnten Lebensjahr mit meinem späteren Mann befreundet, und meine Eltern rechneten fest damit, dass ich ihn bald heiraten, Kinder bekommen und damit sowieso zu Hause bleiben würde. Ich aber wollte Ärztin werden, Heirat und Kinder hin oder her. Ausschlaggebend für meinen Berufswunsch war folgendes Erlebnis: Weil in Berlin damals grosser Mangel an Krankenschwestern herrschte, erging ein Aufruf an alle jungen Mädchen, sonntags in den Spitälern auszuhelfen. Meine beste Freundin, die sehr christlich war, meldete sich sofort. Als ihre Französischnoten plötzlich in den Keller rutschten, sagte sie zu mir: »Jetzt musst du gehen.« Nach anfänglichem Widerstand habe ich eingelenkt und an vielen Sonntagen Hilfsdienst geleistet. Und dann war da eine Patientin, Mitte dreissig, nett und clever, und starb an Krebs. Da war ich empört und dachte: Das ist nicht recht. Das darf nicht sein. Ich habe also beschlossen, Medizin zu studieren, um Leiden zu verhindern. Nur war, wie gesagt, meine Familie dagegen. In dem Moment kam mir meine Oma zu Hilfe, die mit uns im selben Haus wohnte. Um mich bei der Durchsetzung meines Berufswunsches zu unterstützen, sagte sie zu mir: »Brigittchen, vergiss nie, du kommst aus der Hefe, und die Hefe hat Kraft!«

Aus der Hefe kommen heisst von ganz unten kommen. Ich stamme tatsächlich aus der Unterschicht. Mein Vater war Teppichverkäufer in Neukölln, einem Arbeiterbezirk in Berlin, meine Mutter Sekretärin. Der Satz meiner Oma, den sie wohl, schlagfertig, wie die Berliner sind, selber erfunden hat, wirkte wunderbar auf mich. Er hat mir Mut gemacht, aber auch Stolz auf meine Herkunft vermittelt. Ich studierte also Medizin und war als Frau aus der Unterschicht eine echte Rarität. Meine drei Studienkolleginnen waren Arzttöchter, die von den Professoren bei den Examen zuerst zur Fachspezialität ihres »Herrn Vaters« befragt wurden. Als ich über meinen Vater Auskunft geben musste, der inzwischen Beamter auf der niedrigsten Stufe geworden war, guckten mich die Professoren an, als sei ich nicht normal. Ich aber dachte still für mich: »Brigittchen, vergiss nie, du kommst aus der Hefe, und die Hefe hat Kraft!«

Und so war es ja auch. Ich habe mein Studium abgeschlossen und bin selber Ärztin geworden. Dabei war mir Omas Satz immer wieder eine grosse Hilfe. Ich erinnere mich an eine Begebenheit, die sich während meiner Zeit als Medizinalassistentin zutrug. Am ersten Arbeitstag fragte mich der Chefarzt im Waschraum vor einer Operation zum Erstaunen aller anderen Anwesenden – er sprach sonst nie mit Assistenten –, wie viele Praktika als Unterassistentin ich denn gemacht hätte. Ich antwortete ihm wahrheitsgemäss: »Drei.« Darauf er: »Also die minimal vorgeschriebene Anzahl.« Ich erklärte ihm, dass ich wenig Geld hätte und deshalb während der Semesterferien als Schwesternhilfe arbeiten müsste. Daraufhin erwiderte er aufgeblasen, das sei nun das Resultat der Studienreform, dass lauter Minderbemittelte studieren könnten. Daraufhin habe ich ihn so angeschrien, dass es totenstill im Waschraum wurde. Alle dachten, dass er mich noch am selben Tag rausschmeissen würde. Er aber ging wortlos in den Operationssaal und stellte mich in der Folge immer als Assistentin bei sich auf. Irgendwie muss ich ihm mit meinem unbändigen Wutausbruch Eindruck gemacht haben. Sie sehen, der Satz meiner Oma hat mich nachhaltig geprägt und in mir den festen Willen verankert, mich nie unterkriegen zu lassen.

Brigitte Woggon, Jahrgang 1943, ist eine waschechte Berlinerin, die seit fast vierzig Jahren in der Schweiz lebt. Sie war der erste weibliche Oberarzt an der Psychiatrischen Universitätsklinik Zürich. Seit fünfzehn Jahren leitet sie am Burghölzli die ambulante Sprechstunde für Patienten und Patientinnen mit affektiven Störungen. Woggon arbeitet ausschliesslich mit Schwerkranken. Nach ihrer Pensionierung wird sie in eigener Praxis weiterarbeiten. Sie hat zwei erwachsene Kinder, sechs Enkelkinder, ist glücklich geschieden und lebt in Benglen ZH.

Peter von Matt

»Innerhalb einer Epoche gibt es keinen Standpunkt, eine Epoche zu betrachten.«

Ich weiss nicht mehr, wann mir der Satz zum ersten Mal begegnet ist. Es muss während meines Studiums gewesen sein, in den frühen Sechzigerjahren. Er hat mich getroffen. Von nun an gehörte er zu meinem Erkenntnis- und Arbeitsinstrumentar.

Wie denn das? Ich bin Literaturhistoriker. Ich arbeite an der Literatur als einem Teil der Kultur-, der Politik-, der Zivilisationsgeschichte. Jedes Werk konfrontiert mich auch mit einer Epoche. Bald bestimmt man die Literatur von ihrem Zeitraum her, bald den Zeitraum von seiner Literatur. Das Verhältnis ist vertrackt. Die Bestimmung des einen setzt nämlich die Bestimmung des andern voraus. Das führt zu Zirkelschlüssen.

Epochen nehmen nur langsam ein Gesicht an. Das wissen auch die Journalisten, obwohl sie es nicht zugeben. Wir reden heute mit grosser Sicherheit von den Fünfzigerjahren und gebrauchen sie als Folie, um die Generation der Achtundsechziger davon abzuheben. Sie waren, so die einhellige und laut verkündete Überzeugung, grauenhaft verhockt, reaktionär, verklemmt, freudlos, verlogen, eine Wüste aus Nierentischen, deutschen Schlagern und überlebten Werten. Niemand fragt: Stimmt das denn wirklich? Niemand sagt, dass die Fünfzigerjahre das literarisch explosivste Jahrzehnt von 1945 bis heute waren, mit Arno Schmidt und Koeppen und Doderer, mit Bachmann und Celan, mit Frisch und Dürrenmatt, mit Martin Walser, Johnson und Enzensberger, mit Sensationen wie der »Blechtrommel« von Grass und dem »Stummen« von Otto F. Walter. Thomas Mann war noch da, Brecht war noch da, Döblin war noch da, Benn war noch da, alle mit grossartigen Texten, daneben der Aufbruch der Jungen.

Heute gibt die Revolte von 1968 den Standpunkt ab, von dem aus die Fünfziger betrachtet werden. Ähnlich sicher fühlen wir uns seit der Wende den Siebziger- und Achtzigerjahren gegenüber. Aber schon bei den Neunzigern haperts. Es finden sich tastende Versuche, ihnen ein Gesicht zu geben – mit bisher mässigem Erfolg. Und dann erst die Gegenwart! Für unser laufendes Jahrzehnt haben wir noch nicht einmal einen Namen. Die Nullerjahre? Und doch muss man über sie schreiben, als Journalist wie als Literatur- und Kunsthistoriker.

In dieser Lage fühlte ich mich als Student gegenüber den frühen Sechzigerjahren. Alles schien im Fluss; Kino, Malerei, Theater waren in Bewegung auf unbekannte Ziele hin. Keine Übersicht nirgends. Deshalb fuhr mir der Satz damals so ein. Ich fand ihn in Goethes Aphorismensammlung »Maximen und Reflexionen«, einem Wunderbuch. Er hat mich begleitet durch die Jahrzehnte hin und mir die Augen geöffnet gegenüber allen Versuchen, die jeweilige Gegenwart zu deuten und zu erklären. Wo immer einer mit seiner Zeitdiagnose aufrückte, wusste ich im Voraus: lauter Blech und Geschwöge.

Irgendwann, zwanzig Jahre später vielleicht, bildet sich der Standpunkt heraus, der eine Epoche überschaubar macht. Meist entsteht er durch historische Umbrüche, die eine klare Differenz setzen zwischen einst und heute. Dennoch kann ich mich nicht um den Versuch drücken, meine eigene Zeit zu verstehen. Ich muss es tun, obwohl ich weiss, dass es nicht möglich ist. Solche Zwickmühlen gehören zu einer intellektuellen Existenz. Desgleichen das Misstrauen, wenn denn einmal eine Epoche überschaubar geworden ist, dass jetzt auch zwingend schon die richtige Deutung zutage trete. Das Deutungsmonopol, das die gealterten Achtundsechziger heute ihrer eigenen Jugend gegenüber in Anspruch nehmen, ist mir so verdächtig wie ihre Pauschalverdammung der Fünfzigerjahre. Die Arbeit an der Geschichte braucht Geduld und setzt den Mut voraus, sich nicht als Richter aufzuspielen. Richter haben wir genug, was uns fehlt, sind die Gerechten.

Peter von Matt, geboren 1937, ist in Stans NW aufgewachsen. Er studierte in Zürich und Nottingham, GB. Von 1971 bis 2002 war er Professor für Neuere deutsche Literatur an der Universität Zürich. Mit Büchern wie »Liebesverrat« (1988), »Verkommene Söhne, missratene Töchter« (1995) oder »Die Intrige« (2006) wurde er weit über die Fachgrenzen hinaus bekannt. Er lebt mit seiner Frau, der Literaturkritikerin Beatrice von Matt, in Dübendorf ZH.

DJ Bobo

»Behandle jeden so, wie du selbst behandelt werden möchtest.«

Es war 1990, ich war zweiundzwanzig Jahre alt und habe als Journalist beim Luzerner Lokalsender Radio Pilatus gearbeitet. Da ist mir Folgendes passiert: Es hiess, ich müsse ein Interview mit dem Leadsänger der Rockgruppe Ten Years After führen. Der Mann kam tatsächlich mit seiner Promoterin ins Studio. Peinlicherweise aber hatte die verantwortliche Redaktorin es verpennt, mich vorgängig zu informieren, wie der Mann hiess, was er alles schon geleistet hatte und weshalb wir ausgerechnet zu jenem Zeitpunkt mit ihm reden wollten. An jenem Samstag war ich mit dem Fräulein an der Rezeption allein im Studio und somit ziemlich aufgeschmissen. Es half alles nichts, um Punkt zwölf Uhr begann meine Sendung, und es blieb mir nichts anderes übrig, als meinen Gast als Erstes zu bitten, sich selber vorzustellen: »Can you please introduce yourself?« Der Mann realisierte sofort, dass ich nicht vorbereitet war. Ich wurde immer nervöser und fragte mich, wie er reagieren würde. Würde er aufstehen und gehen oder mir in dieser unsäglichen Situation aus der Patsche helfen? Er war so freundlich und hat mich aus meiner Notlage befreit. Auf meine Bitte, zu schildern, was bei ihm aktuell so laufe, erzählte er, dass er mit seinem ersten Soloalbum auf Promotour sei und, und, und. Uff, da war ich haarscharf an einer Katastrophe vorbeigeschrammt.

Im Laufe meiner eigenen Karriere passiert mir jedes Jahr ein- bis zweimal etwas Vergleichbares. Da treffe ich in einem Interview auf einen Praktikanten, der zwar hoch motiviert ist, aber keinen blassen Schimmer hat, wer ich bin und aus welchem Grund er mich gerade jetzt interviewen soll. In diesen Momenten könnte ich sagen: Guter Mann, mach doch bitte zuerst deine Hausaufgaben und komm dann wieder. Doch ich erlebe jeweils ein klassisches Déjà-vu und werde an meine Zeit bei Radio Pilatus erinnert. Was mache ich? Ich helfe dem jungen Praktikanten und rette so die Situation. Eines Tages bin ich dann auf einen Satz gestossen, der mir total eingeleuchtet und mein Verhalten erklärt hat: »Behandle jeden so, wie du selbst behandelt werden möchtest.« Auch ich war 1990 unglaublich froh, dass mich der Sänger von Ten Years After so rücksichtsvoll behandelt hatte. Da kann ich doch einen unerfahrenen Journalisten nicht plötzlich arrogant abfertigen und im Regen stehen lassen. Ich behandle ihn so, wie ich selber auch behandelt werden möchte.

In unserer Branche erlebe ich es immer wieder, dass meine Kollegen vergessen, dass sie alle Leute im Verlauf ihrer Karriere mindestens zweimal treffen. Das erste Mal, wenn sie im Aufwind sind und Erfolg haben, und das zweite Mal, wenn sie auf dem Abstieg sind. Wenn ich natürlich in der Zeit des Erfolgs alle Menschen um mich herum wie – sorry – Arschlöcher behandle, darf ich mich nicht wundern, wenn ich in

Momenten, in denen es mir nicht mehr rund läuft, selber wie ein Arschloch behandelt werde. Unsere Branche ist diesbezüglich wirklich ein Sauladen. Da startet ein Newcomer durch, hat den schnellen Erfolg und glaubt, alle Leute um ihn herum müssten ihm den roten Teppich ausrollen. Die Fernsehredaktorin, in deren Sendung er auftritt, grüsst er kaum noch, den Kabelträger würdigt er nicht einmal eines Blickes. Dumm ist nur, wenn er zwei Jahre später nicht mehr gefragt ist und zum flennenden Hündchen wird, das winselt, um einen Auftritt in derselben TV-Show zu bekommen.

Apropos Kabelträger: Vor rund fünf Jahren wollte mich eine Regisseurin der grossen deutschen Fernsehshow »The Dome«, die auf RTL II läuft, in ihrer Sendung haben. Bei der Gelegenheit sagte sie zu mir: »Als du vor zehn Jahren erstmals bei uns in der Show warst, war ich noch Kabelträgerin. Ich werde dir nie vergessen, dass du der einzige Künstler warst, der mich gegrüsst hat. Für die anderen war ich Luft.« Da stand mir dieses »Behandle jeden so, wie du selbst behandelt werden möchtest« wieder vor Augen. Es kommt alles zurück, im Guten wie im Schlechten.

DJ Bobo beziehungsweise René Baumann wurde 1968 in Kölliken AG geboren. Der gelernte Konditor landete 1993 mit dem Klubhit »Somebody Dance With Me« einen ersten Top-Ten-Erfolg. Seither ist er nicht nur als Sänger, sondern auch als Tänzer, Komponist und Produzent der bekannteste Schweizer Musikexport. Berühmt ist er auch für seine aufwendigen Bühnenshows mit modernster Licht- und Lasertechnik. Er ist verheiratet und hat zwei Kinder.

Alex Rübel

»Befiehl dem Herrn deine Werke,
so werden dir deine Vorhaben gelingen.«

Als ich konfirmiert wurde, teilte mir der Pfarrer einen Bibelspruch zu, den ich damals achselzuckend zur Kenntnis nahm, aber sofort wieder vergass. Erst als ich auf die dreissig zuging, stiess ich durch Zufall wieder auf diesen Satz und realisierte, dass er mir sehr viel zu sagen hat: »Befiehl dem Herrn deine Werke, so werden dir deine Vorhaben gelingen.« Dieser Spruch wurde so etwas wie das Leitmotiv meines Lebens. Nehmen wir zur Illustration unser Madagaskar-Projekt, in dessen Rahmen wir einerseits die Masoala-Halle gegenüber dem Zoo in Zürich erstellt haben und uns andererseits um die Erhaltung des Nationalparks Masoala in Madagaskar bemühen. Dieses Projekt, das 1992 seinen Anfang nahm, ging mit unzähligen Zweifeln, Hindernissen und Widerständen einher. In Madagaskar selber sind wir mit hundert gegenläufigen Interessen konfrontiert. Die einen wollen lieber das Ebenholz verkaufen, andere roden die Wälder, um Reis anzupflanzen. Ich habe in all den Jahren sehr viele niederdrückende Erfahrungen gemacht, die mich gestoppt hätten, wenn ich nicht felsenfest davon überzeugt wäre, dass unser Projekt ein gutes, der Menschheit dienliches, mithin ethisch vertretbares Werk darstellt. Aus dieser Sicherheit resultiert letztlich auch das Gelingen. Damit interpretiere ich meinen Konfirmationsspruch nicht in einem streng religiösen Sinn. Der Herr steht für mich nicht für einen personifizierten Gott, sondern symbolisiert eine Weltordnung, die meiner ethischen Überzeugung entspricht, dass der Mensch nur in Einklang mit der Natur überleben kann. Madagaskar ist eines der ärmsten Länder der Welt. Sein grösstes Problem ist die Bevölkerungsexplosion, die zu einer massiven Übernutzung und letztlich Zerstörung der Natur führt. Dem müssen wir Einhalt gebieten, denn nur wenn es gelingt, die natürlichen Ressourcen wie Wälder, Lebensräume und Tierarten zu erhalten, lässt sich die Armut des Landes auf Dauer bekämpfen. Daher arbeiten wir auch eng mit Organisationen zusammen, die in der Familienplanung tätig sind.

Als Direktor eines Zoos bin ich natürlich auch sonst immer wieder mit Skepsis, ja mitunter auch Anfeindungen konfrontiert. Die Vertreter von Animal Peace beispielsweise sprechen uns Menschen jedes Recht ab, auf das Tier Einfluss zu nehmen. Also weder Haustiere zu halten noch einen Zoo zu betreiben oder gar Fleisch zu essen. Ich aber bin überzeugt, dass der Zoo ein kulturell bedeutsamer Ort für unsere Gesellschaft ist. Würden wir die Tiere aus unserer Umgebung verbannen, würden wir einen Kulturverlust höchsten Grades erleiden. Der Zoo hingegen fördert die Beziehung zwischen Mensch und Tier, weckt unsere Freude am Tier und vermittelt uns viel Wissenswertes über die Tier- und Pflanzenwelt. Die Folge? Unsere Motivation, uns für die Erhaltung der Arten einzusetzen, wächst. Aus dieser tief empfundenen Gewissheit beziehe ich denn auch die Gelassenheit, die Hartnäckigkeit und den Kampfgeist, die es braucht, um meine Vorhaben auch gegen grosse Widerstände durchzusetzen.

Alex Rübel kam 1955 in Zürich zur Welt und ist Vater von drei Kindern. Geprägt durch seine frühe Liebe zum Tier, studierte er Veterinärmedizin an der Universität Zürich und promovierte 1985 auf seinem Spezialgebiet, den exotischen Tieren. 1991 wurde er Direktor des Zoos Zürich und initiierte unter anderem die Erneuerung der Fischotter-, Bären- und Wasservogelanlage. 2003 wurde die Masoala-Regenwaldhalle eröffnet.

Carla del Ponte

»Carla, wenn man im Recht ist, muss man nie nachgeben.«

Meine Mutter war eine unabhängige, selbstbewusste Frau, die gemeinsam mit meinem Vater in unserem Hotel im Maggiatal in der Nähe von Locarno arbeitete. Sie hatte vier Kinder, drei Söhne und eine Tochter, das war ich, für die sie ein Kindermädchen engagiert hatte.

Gleichwohl fand sie täglich Zeit, sich um unsere Erziehung zu kümmern. Gute Tischmanieren, höfliches Benehmen in der Öffentlichkeit, respektvolles Grüssen anderer Leute waren ihr ein besonderes Anliegen. Und sie fragte uns jeden Tag, wie es uns in der Schule ergangen sei. Wir hatten ein sehr offenes Verhältnis. Da konnte es passieren, dass ich ihr erzählte, dass mich die Lehrerin – gemäss meiner Einschätzung – wider besseres Wissen, also ganz und gar ungerechtfertigt vor die Tür gestellt und mit einer Sonderaufgabe bestraft hatte.

In solchen Momenten war meine Mutter immer solidarisch mit mir. Sie glaubte mir aufs Wort, auch wenn ich nur ein kleines Mädchen war, weil sie überzeugt davon war, dass ich niemals lügen würde. Lügen war ein absolutes Tabu bei uns. Ehrlichkeit war alles.

Den Satz, den sie dann jeweils zu mir sagte, habe ich nie vergessen: »Carla, wenn man im Recht ist, muss man nie nachgeben.«

Ein tougher Satz, nicht wahr, den ich schon im Alter von acht oder neun Jahren zu hören bekam und zu einer Richtschnur meines Lebens machte. Das ist eine andere Währung als »Der Klügere gibt nach«. So etwas Weiches wäre meiner Mutter nie über die Lippen gekommen. Auf diese Art hat sie mir viel Sicherheit vermittelt und meinen Glauben an die Richtigkeit meiner eigenen Wahrnehmung gestärkt. Da kann eine Mehrheit von Menschen »Nein« sagen. Wenn ich überzeugt von einer Idee oder Einschätzung bin, traue ich mich immer, »Ja« zu sagen, auch wenn ich mich damit in der Minderheit befinde und manchmal sogar eine sehr einsame Position einnehme. Das soll gar nicht heissen, dass ich wirklich immer im Recht bin. Aber solange ich mich im guten Glauben für eine Sache starkmache, handle ich redlich.

Als ich dann später beispielsweise als Staatsanwältin oder Chefanklägerin beim Internationalen Gerichtshof in Den Haag arbeitete, hat mich die Maxime meiner Mutter stets begleitet. Solange ich sauber und gründlich ermittelt hatte, mich dazu auf dem sicheren Boden von Gesetz und Strafprozessordnung wusste und eine hieb- und stichfeste Anklageschrift verfasst hatte, wäre ich niemals von meiner Überzeugung abgerückt. Ich verspürte dann jeweils die Gewissheit, im Recht zu sein, und sah keinen Grund, nachzugeben. Politisch oder ideologisch motivierte Erwägungen und Einwände, mit denen man mich unter Druck zu setzen versuchte, perlten in solchen Situationen von mir ab. Dagegen war und bin ich immun. Ich bin meiner Mutter, die als rüstige Dreiundachtzigjährige gestorben ist, sehr dankbar für ihre Unterstützung, die mich, so denke ich, zu einem unbestechlichen Menschen gemacht hat.

Carla del Ponte wurde 1947 in Bignasco TI geboren. Nach dem Studium der Jurisprudenz arbeitete sie als Staatsanwältin in Lugano und hatte engen Kontakt mit dem italienischen Richter Giovanni Falcone, der 1992 von der Mafia umgebracht wurde. 1994 wurde sie Bundesanwältin, 1999 Chefanklägerin der Uno-Kriegsverbrechertribunale für Ex-Jugoslawien und Ruanda. Seit 2008 ist sie Schweizer Botschafterin in Argentinien. Carla del Ponte ist geschieden und hat einen Sohn.

Roger Schawinski

»You can get it if you really want.«

Als ich vor rund dreissig Jahren das erste Mal Jimmy Cliffs Song »You Can Get It If You Really Want« hörte, war mir klar, dass dieser Satz haargenau zu mir passte. Doch mit dem Wollen allein ist es nicht getan, man darf sich auch nicht von ersten Widerständen umwerfen lassen, sondern muss wieder und wieder einen neuen Versuch wagen, oder, wie Jimmy Cliff in seinem Song fortfährt: »But you must try, try and try, try and try, you'll succeed at last.«

Das erste Mal so richtig zum Tragen kam mein Wahlspruch 1979, als ich im italienischen Como Radio 24 gegründet habe und auf unglaublichen Widerstand gestossen bin. Dreimal wurde der Sender geschlossen, und jedes Mal sah ich mich am Ende, wirtschaftlich, emotional und kräftemässig. Die Leute um mich herum waren total deprimiert, und je schlimmer es ihnen ging, umso stärker fühlte ich mich herausgefordert im Sinne von »But you must try, try and try, try and try«. So habe ich zu meinem Team gesagt: »Auch wenn wir uns nur noch eine Chance von einem Prozent ausrechnen, müssen wir die ergreifen und noch mal einen Anlauf nehmen.« Das Ergebnis ist bekannt: Radio 24 nahm seinen Betrieb nach jeder der drei Schliessungen wieder auf und wurde ein grosser Erfolg. Logisch, habe ich dann den Song von Jimmy Cliff oft bei uns am Radio gespielt. Dabei gehört er gar nicht zu seinen ganz grossen Songs. Als Jimmy Cliff in jener Zeit einmal in die Schweiz kam, war er überrascht, wie bekannt sein Lied hier war. Bei dieser Gelegenheit haben wir uns dann angefreundet.

Als ich Anfang der Neunzigerjahre beschloss, Fernsehen zu machen, haben wieder alle abgewunken und gesagt: »Vergiss es! Das schaffst du nie allein, Fernsehen ist viel zu kostspielig.« Damals gab es nur ein Fernsehen, das Schweizer Fernsehen, und die Idee, einen privaten Fernsehsender zu gründen, kam einem Quantensprung gleich. In dem Moment habe ich mich wieder an Jimmy Cliff gehalten: »You can get it if you really want«, und einen weiteren wichtigen Grundsatz meines Lebens beherzigt, der lautet: »Wenn alle Leute in die eine Richtung schauen, muss man sich um 180 Grad drehen, und siehe da – plötzlich tun sich neue Möglichkeiten auf.« So kam ich auf die Idee, Lokalfernsehen zu machen. Damit war ich plötzlich der einzige Anbieter und konnte mit ganz anderen Inhalten und einem anderen Budget antreten, als wenn ich den Kampf auf nationaler Ebene aufgenommen hätte.

Richtig herausgefordert war ich wieder, als die Anfrage kam, ob ich Chef von Sat 1 werden wolle. Das war nochmals eine andere Preisklasse, und zwar aus zwei Gründen: Zum einen bedeutete es, dass ich mich nach fünfundzwanzig Jahren Unternehmertum als Manager in einem internationalen Konzern einreihen musste. Konnte ich das, ja wollte ich das? Zum anderen musste ich mich fragen, ob ich als kleiner unbekannter Schweizer im grossen Berlin überhaupt bestehen würde. Die Schweizer sind ja in Deutschland nicht unbedingt als die besten Fernsehmacher der Welt bekannt. Letztlich habe ich diesen Job mit viel Selbstbewusstsein angetreten. Doch schon am ersten Tag musste ich mir den guten alten Jimmy-Cliff-Song wieder in Erinnerung rufen. Harald Schmidt, die Ikone des deutschen Fernsehens, hatte das Handtuch geworfen und bei Sat1 gekündigt. In den Augen der deutschen Öffentlichkeit war ich schuld an diesem Debakel. Ich hielt stand, indem ich mir sagte: »Das haut mich nicht um, jetzt habe ich die Gelegenheit, etwas ganz Neues zu machen.«

Woher ich diese Energie habe? Ich glaube, mein Vater hat mir viel Selbstbewusstsein mit auf den Weg gegeben. Er hat mich nicht wahnsinnig gefordert, dafür aber alles, was ich gemacht habe, für gut befunden. Als ich um ein Haar aus der Handelsschule geflogen wäre, ging er nicht auf mich los, sondern hat zu mir gesagt: »Wenn du nicht fähig bist für diese Schule, machst du halt eine Lehre.« In dem Moment war mein Widerstandsgeist geweckt, und ich konnte enorme Kräfte freisetzen, ganz im Sinne von: »I can get it if I really want.«

Roger Schawinski kam 1945 in Zürich zur Welt. Der promovierte Ökonom ist seit rund 35 Jahren als Journalist und Medienunternehmer tätig. 1974 wurde der »Kassensturz«, Schawinskis Kind, erstmals ausgestrahlt. 1977 stand Schawinski als Chefredaktor der Migros-Zeitung »Tat« vor; 1978 wurde er fristlos entlassen. 1979 gründete er Radio 24, das erste Privatradio der Schweiz, 1994 Tele Züri und 1998 Tele 24. Von 2003 bis 2006 war er Geschäftsführer des deutschen TV-Senders Sat1 in Berlin. Seither lebt er wieder in Zürich. Im März 2008 ging das von ihm gegründete Radio 1 auf Sendung. Er ist verheiratet und hat drei Kinder.

Arno Del Curto

»Ein Del Curto zeigt nie Schmerzen.«

Mein Vater hatte ein kleines Bodenlegergeschäft, das war ein harter Job. Dazu war er Schanzenbauer, technischer Delegierter im Skispringen, Sprungrichter und ist früher auch selber gesprungen. In Amerika, wo er an Wettkämpfen teilnahm, nannten sie ihn »den John Wayne der Schweiz«. Er war ein lieber Mensch, sehr herzlich, hat allen alles gemacht, aber auch sehr viel von uns Kindern verlangt und uns mit seinem eigenen Verhalten vorgelebt: »Ein Del Curto zeigt nie Schmerzen.« Ja, er konnte wirklich hart, sehr hart sein. Aber er war immer fair. Im Grunde genommen wollte er uns nur dazu motivieren, das Beste aus uns herauszuholen. Sei es im Alltag, sei es im Sport.

Wir durften beispielsweise nie krank sein. Kopfweh? Da hiess es: Du gehst jetzt in die Schule. Basta. Und schon waren die Schmerzen weg. Das erlebe ich heute noch so. Habe ich eine Magen-Darm-Grippe, ist sie bei mir sofort vorbei. Fieber?

Da lege ich mich ins Bett, bin bachnass, eine Stunde, wenns hochkommt zwei, und dann stehe ich wieder auf, und alles ist gut. Die Mutter war in dieser Beziehung auch hart. Wenn ich am Morgen im Bett liegen geblieben bin und geklagt habe, es gehe mir schlecht, hat sie mir die Decke weggezogen und gesagt: In fünf Minuten bist du in der Schule. Das war dann auch so.

Die Haltung »Ein Del Curto zeigt nie Schmerzen« hat mich geprägt. Ich bin meinem Vater extrem dankbar dafür. Bravo. Ich selber erwarte auch von meinen Spielern, dass sie sich zusammennehmen. Wer einen Schlag bekommt, spielt weiter und merkt gar nichts. Das habe ich ja selber als Spieler erlebt. An ein Intermezzo mit einem Riesenprügel kann ich mich noch gut erinnern. Ich war stark, aber er war stärker und grösser. Da kam er auf dem Eis auf mich zu, ich habe ihn gecheckt, er ist durch die Luft geflogen, ich bin geflogen, habe siebenhundert Sternli gesehen und starke Schmerzen gespürt, aber sofort weitergespielt, ohne eine Sekunde Pause. Hätte ich mich anders verhalten, hätte ich den Match nicht zu Ende spielen können. Ich habe in meinem Team Spieler, die nie etwas haben, weil sie hart im Nehmen sind. Ich habe aber auch solche, die empfindlicher sind. Ein kleiner Windstoss, und schon haben sie siebenhundert Grad Fieber.

Ich bin im Innersten eigentlich ein lieber und viel zu gutmütiger Mensch. Aber wenn es um die Sache geht, bin ich hart. Im Sport kommt es drauf an, zu siegen, sonst hängen sie uns auf. Darum fordere ich auch viel von meinen Spielern. Mental stark müssen sie sein, kämpfen, ein Tief überwinden und sich durchsetzen. Und als Mannschaft zusammenspielen. Wir üben keinen Einzel-, sondern einen Mannschaftssport aus. Es gibt Spieler, die genau wissen, was es braucht. Die vielleicht auch noch sehr gute Wertvorstellungen von daheim mitbekommen haben und von Haus aus mental stark sind. Manchmal sind das verrückte Typen, aber die liebe ich, weil sie gleichzeitig auch noch Biss haben. Mit denen kann man schaffen und etwas erreichen. Das sind oft hervorragende Spieler und leidenschaftliche, hochemotionale Menschen, die gern sportliche Leistungen bringen, alles aus sich herausholen und nie Schmerzen spüren. Echt stark. Aber – es gibt sicher Situationen im Leben, wo es stark ist, seinen Schmerz zu zeigen.

Arno Del Curto wurde 1956 in St. Moritz GR geboren. Der Engadiner, der seit 1996 den HC Davos trainiert, ist der dienstälteste Eishockey-Coach in der Nationalliga A. 2002, 2005 und 2007 führte er die Bündner zum Meistertitel. Dazu gewann er viermal mit ihnen den Spengler-Cup. Seine eigene Aktivkarriere musste er mit zwanzig wegen eines Fussgelenkbruchs beenden. Von da an arbeitete er sich als Trainer Stufe um Stufe nach oben: vom Juniorentrainer in Wallisellen über den Erstligisten Küsnacht ZH und den B-Ligisten Herisau zum A-Klub ZSC in Zürich. Er ist verheiratet und hat zwei Kinder.

Carolina Müller-Möhl

»Bildung ist gedankliche Unbestechlichkeit.«

Ich bin ein grosser Fan von Peter Bieri beziehungsweise Pascal Mercier, wie er sich als Romanautor ja nennt. In seinem Essay »Wie wäre es, gebildet zu sein?«, der am 6. November 2005 in der »NZZ am Sonntag« veröffentlicht wurde, bin ich auf jenes Zitat gestossen, das mich sehr angesprochen hat und seither begleitet: »Bildung ist gedankliche Unbestechlichkeit.«

Bildung ist ein Thema, das mich von jeher beschäftigt. So war ich die Tochter eines Elternpaares, das meine kindliche Neugier immer befriedigt und stets alle Fragen zugelassen hat. Und ich war eine Schülerin des Internats Salem am Bodensee, in dem ich zu Selbstständigkeit und selbstverantwortlichem Handeln erzogen wurde.

Als junge Frau studierte ich in Heidelberg, Berlin und London, arbeitete in diesen Städten und konnte so nebst dem schulischen Wissen auch meinen kulturellen und gesellschaftlichen Horizont erweitern.

Heute bin ich als Mutter selber mit einem überaus neugierigen zehnjährigen Buben konfrontiert, der mich mit allerlei Fragen löchert: Warum ist das Gras grün? Was genau ist ein Börsenkurs? Warum verbraucht ein schnelles Auto für dieselbe Strecke mehr Benzin als eines, das langsamer fährt? Warum bringen sich Menschen gegenseitig um, wie dieses Jahr in Kenia?

Als Unternehmerin nehme ich Fragen der Bildungspolitik sehr ernst. Bildung ist für mich viel mehr als Ausbildung im schulischen Sinne. Bildung verschafft Orientierung und fördert Selbstständigkeit und Unabhängigkeit. Kurz: Bildung ist die Schule fürs Leben. Gleichzeitig schützt sie aber auch vor blinden Denkgewohnheiten, schärft den Blick für nur kurzlebige Trends und gibt ein besseres Gefühl für Proportionen. In diesem Sinne sind gebildete Menschen eben keine Mitläufer. Sie sind sowohl im beruflichen Alltag wie auch in der Politik und gegenüber Medien und Werbung stets kritisch. Sie erkennen den Unterschied zwischen Fassade und Inhalt, zwischen Illusion und Vision, zwischen medial vermittelter und realer Welt besser. In Zeiten der Multioptionsgesellschaft laufen Gebildete deshalb viel weniger Gefahr, von der schieren Masse an Möglichkeiten und Angeboten einfach überrollt zu werden. Bildung ist aber auch der Schlüssel zur Entwicklung benachteiligter Weltregionen und Gesellschaftsschichten. Ein Sprichwort aus Tansania sagt: »Bilde eine Frau und du bildest eine ganze Nation.« Bildung ist also auch Entwicklungshilfe und Frauenförderung, denn langfristig füllt die Nahrung fürs Gehirn auch den Magen.

Peter Bieris Satz »Bildung ist gedankliche Unbestechlichkeit« und seine Ausführungen dazu kleiden meine eigene Grundhaltung endlich in klare Worte. Im Grunde genommen habe ich immer nach diesem Satz gesucht, aus dem sich alle

Argumente für das eigene Handeln, für lebenslanges Lernen, ein leistungsfähiges Bildungssystem und eine nachhaltige Bildungspolitik ableiten lassen. Und deshalb wird er mich auch noch viele Jahre begleiten.

Carolina Müller-Möhl wurde 1968 in Zürich geboren. Seit 2000 ist die Unternehmerin Präsidentin der Müller-Möhl Group. Sie studierte nach dem Abitur an der internationalen Internatsschule Schloss Salem in Deutschland an der Carl-Rupprecht-Universität Heidelberg und am Otto-Suhr-Institut der Freien Universität Berlin Politik, Geschichte und Recht, machte ihren Abschluss als Politologin und besuchte Weiterbildungen an der London School of Economics und am Europa-Institut der Universität Basel.

Roman Signer

»Zu viele Worte verbauen die Arbeit.«

Roman Signer wurde 1938 in Appenzell geboren. Er absolvierte eine Lehre als Hochbauzeichner und besuchte ab 1966 in Zürich und Luzern die Kunstgewerbeschule. Ab 1973 Ausstellungen in Galerien und Museen, ab 1981 Aktionen vor Publikum. Seit seiner Beteiligung an der Documenta 8 in Kassel (1987) und der Biennale in Venedig (1999) zählt er zu den bedeutendsten Gegenwartskünstlern Europas. Signer ist verheiratet und Vater einer Tochter. Er lebt und arbeitet in St. Gallen.

Kurt Wüthrich

»Mens sana in corpore sano.«

Mens sana in corpore sano.« Am Gymnasium in Biel war ich in einer Schülerverbindung mit diesem Wahlspruch. Wir trainierten damals vor allem Orientierungslaufen, das gerade aufkam. »Ein gesunder Geist in einem gesunden Körper« – diesem lateinischen Wahlspruch habe ich mein Leben lang intensiv nachgelebt. Ich besitze das Eidgenössische Turn- und Sportlehrerdiplom, unterrichtete viele Jahre als Skilehrer, bin Schwimminstruktor und spielte noch mit fünfzig Jahren in der Seniorenliga Fussball. Die beste Mannschaft, in der ich spielte? Das war die Uni-Mannschaft in Bern. Dort war die ganze Verteidigung der Young Boys versammelt, und YB kam damals bis ins Halbfinal des Meistercups. Ich spielte entweder im Tor oder im Sturm. Als Verteidiger oder im Mittelfeld konnte man mich nicht brauchen. Da war ich zu wenig zuverlässig. Bei der Arbeit bin ich vermutlich eher diszipliniert. Beim Fussball war ich es nicht. Ich wollte ja meinen Spass.

Ich habe nie bewusst geplant, in die Forschung zu gehen. Das hat sich so ergeben. Ich habe vorerst mehrere Jahre am Gymnasium Turnen sowie Chemie und Physik unterrichtet. Die Mittelschulen stellten damals keine reinen Turnlehrer an, man musste ein zweites Studium abgeschlossen haben. Die Idee ist gut: Es ist wichtig für die Schüler, zu sehen, dass die Turnlehrer auch geistig fit sind und vielfältige Interessen haben. Eben: »Mens sana in corpore sano.«

Für mich und meine Frau, die den gleichen Weg ging, waren die Studienjahre immer spannend. In Basel studierte ich gleichzeitig Sport und Chemie. An einem Montag musste ich am Morgen die vierstündige Doktorprüfung ablegen, am Nachmittag die Prüfung im Geräteturnen. Das Sportlehrerdiplom und den Doktortitel erhielt ich in derselben Woche.

In den ersten Jahren an der ETH hatten wir am Institut immer eine gute Fussballmannschaft. Meine ersten Doktoranden behaupten, sie hätten Fussball spielen müssen, um in die Gruppe aufgenommen zu werden. Wird man ein besserer Forscher, wenn man den Sport als Ausgleich hat? Ich weiss es nicht. Es ist eine Variante. Ich habe Kollegen, die sehr gut Musik machen.

1972 kauften wir in Wallisellen ein Haus gleich neben dem Sportzentrum. Für die Trainings und Spiele mit dem FC Wallisellen konnte ich mich zu Hause umziehen und war gleich auf dem Platz. In La Jolla, in Kalifornien, wohnen wir auch wieder neben einer Sportanlage. Als ich in Biel zur Schule ging, hatten wir fünf Stunden Turnen und Sport pro Woche. Heute sind es an manchen Orten nur noch zwei. Dabei ist eine gute Bewegungsschulung in der Jugend ausserordentlich wichtig. Viele treiben keinen Sport, bis sie dreissig sind, und beginnen dann wie verrückt zu trainieren. Kollegen von mir trainierten für Marathon, Triathlon und andere technisch einfache Ausdauerleistungen, bis sie sich schwere Verletzungen zuzogen. Während des Sportlehrerstudiums machten wir alles, auch Eiskunstlauf, Modern Dance, Skispringen usw. Diese breit gefächerte Bewegungsschulung war eine gute Investition, die sich bis heute auszahlt.

Wenn ich zurückschaue, sehe ich, dass ich den Spruch »Mens sana in corpore sano« ganz stur befolgt habe, manchmal auch extrem. Von 1972 bis 1984 war ich nie »richtig« Skifahren, weil dies zu viel Zeit von der Arbeit weggenommen hätte. Wir zogen an der ETH ein Projekt durch, das schliesslich zur Entwicklung einer Methode führte, mit der man die dreidimensionale Struktur von grossen biologischen Molekülen im natürlichen Lösungsmilieu mittels NMR-Spektroskopie ermitteln kann. Als die Resultate dieses Projekts vorlagen, beantragte ich einen »Sabbatical Leave«, zog für achtzehn Monate nach Wengen, stand vom 1. Dezember 1984 bis zum 10. April 1985 jeden Tag auf den Skiern und bereitete mich im Sommer 1985 für den zweiten Skiwinter 85/86 vor.

Mir war offenbar schon 1984 klar, was wir erreicht hatten. Es war wie beim Hochsprung: Die Latte war sehr hoch gesetzt. Wir waren rübergesprungen, und die Latte war oben geblieben. Achtzehn Jahre später erhielt ich dafür den Nobelpreis.

Kurt Wüthrich wurde 1938 in Aarberg BE geboren. Er erwarb gleichzeitig das Eidgenössische Turn- und Sportlehrerdiplom wie den Doktortitel in Chemie. Nach mehreren Forschungsaufenthalten in den USA kam Wüthrich 1970 an die ETH Zürich, wo er heute Professor für Biophysik ist; zugleich arbeitet er als Professor für Strukturbiologie am Scripps Research Institute in La Jolla, CA, USA. 2002 erhielt er den Nobelpreis für Chemie. Er ist verheiratet und hat zwei Kinder.

Hanspeter Uster

»Sei aufmerksam, empfinde nichts umsonst, messe und vergleiche, dieses ist das ganze Gesetz der Philosophie.«

Der Satz sprang mich regelrecht an: »Sei aufmerksam, empfinde nichts umsonst, messe und vergleiche, dieses ist das ganze Gesetz der Philosophie.« Es war ein Sommer in den Achtzigerjahren, ich war einige Tage in Süddeutschland. Dort kaufte ich in einer Buchhandlung zufällig den »Merkur«, eine Art intellektuelle »Weltwoche« aus dem Klett-Verlag. In dieser Zeitschrift stiess ich auf den Aphorismus von Georg Christoph Lichtenberg, einem deutschen Schriftsteller aus dem 18. Jahrhundert.

»Empfinde nichts umsonst!« Es waren vor allem diese drei Worte, die meine Aufmerksamkeit erregten. Was bedeuteten sie anderes als: »Trau deinen Gefühlen! Hör auf deinen Bauch!« Plötzlich hatte ich eine Erklärung für eine Erfahrung, die ich im juristischen, politischen und privaten Bereich immer wieder gemacht hatte: Eine Entscheidung stand an, ich spürte ein vages Unbehagen, dass der Weg, den ich gehen wollte, nicht der richtige war, liess mich aber von rationalen Überlegungen dazu verleiten, ihn zu Ende zu gehen. Das Resultat? Ich scheiterte, war unzufrieden, frustriert. Und dachte jedes Mal verärgert: Eigentlich hast du ja gespürt, dass etwas nicht stimmt, dass du einen Fehler machst. Und nun brachte es dieser Lichtenberg auf knappe, aber mir sehr einleuchtende Art auf den Punkt: »Empfinde nichts umsonst!« Nimm deine Gefühle ernst! Was mir besonders zusagte, war die Mischung aus Gefühl und Vernunft: »Empfinde nichts umsonst!«, aber auch »Sei aufmerksam«, »Messe und vergleiche«, das heisst: Halte die Augen offen und folge auch deinem Verstand.

So sehr mich Lichtenbergs Worte überzeugten, bin ich trotzdem immer wieder in die gleiche Falle getappt und habe meinen Gefühlen zu wenig Rechnung getragen. Zum Beispiel in den Neunzigerjahren, als ich Sicherheitsdirektor des Kantons Zug war und wir darangingen, eine politisch brisante Frage anzupacken: die Zusammenlegung der Stadt- und der Kantonspolizei. Die unter meiner Leitung erarbeitete Parlamentsvorlage kam innerhalb der Regierung problemlos durch. Gleichzeitig aber gab es Widerstand vonseiten der Stadt, einiger städtischer Parlamentarier und aus Teilen der Bevölkerung, den ich zwar realisierte, aber zu wenig ernst nahm. Dort machte man sich Sorgen um die Sicherheit und vor allem die Ordnung in der Stadt nach der Zusammenlegung. Ich spürte das, aber berücksichtigte die Bedenken zu wenig und erlitt im Kantonsrat prompt die wohl schwerste Niederlage meiner sechzehnjährigen Amtszeit als Regierungsrat. Mein Polizeikommandant analysierte im Nachhinein: »Die Vorlage war IQ-mässig super, aber EQ-mässig eine Katastrophe.« Recht hatte er: Ich hatte unterschätzt, in welch hohem Masse Sicherheit eine gefühlsmässige Angelegenheit ist und sich nur beschränkt rational, mit Argumenten und Statistiken, beeinflussen lässt.

Das Ärgerlichste an der Sache: Einmal mehr hatte ich meinen Empfindungen nicht die gebührende Aufmerksamkeit geschenkt.

Wir legten die Vorlage zunächst auf Eis, führten viele Gespräche, erarbeiteten eine breit abgestützte Vorlage, die drei Jahre später nochmals in den Kantonsrat kam. Dieses Mal hatte ich den Lichtenberg-Satz beherzigt und den emotionalen Bedürfnissen der Stadt und ihrer Bevölkerung grosse Aufmerksamkeit geschenkt. Jetzt klappte es. Am 3. Januar 2002 nahm die neue Zuger Polizei ihre Arbeit auf.

Hanspeter Uster kam 1958 in Baar ZG zur Welt. Der Jurist war von 1991 bis 2006 Regierungsrat des Kantons Zug und leitete die Sicherheitsdirektion. Er war Mitglied der Sozialistischen Arbeiterpartei, danach der Sozialistisch-Grünen Alternative Zug und ist heute bei der Alternative Kanton Zug dabei. Aktuell leitet Uster das Competence Center Forensik und Wirtschaftskriminalität an der Hochschule für Wirtschaft Luzern, ist Präsident des Stiftungsrats des Schweizerischen Polizeiinstituts und ist für Bund und Kantone als Projektleiter im Justiz- und Sicherheitsbereich tätig. Er ist verheiratet und hat zwei Söhne.

Margrit Läubli

»Mit meinem ganzen Herzen, meiner ganzen Seele
und all meinen Kräften.«

Als Neun- oder Zehnjährige war ich schwach im Lesen. Da hiess es immer, selbst die Erstklässler würden besser lesen als ich. Doch eines Tages bin ich in der Wohnung meiner Tante auf ihr Büchergestell aufmerksam geworden, habe dort Kasperli-Bücher entdeckt, die mich sehr zum Lachen brachten, oder die Geschichte der Anna Waser, die mich begeisterte, und habe mich in eine richtige Leseratte verwandelt.

Ich war wahrscheinlich siebzehn, höchstens achtzehn, als ich auf die Biografie der Eleonora Duse, der – in meinen Augen – besten italienischen Schauspielerin aller Zeiten, stiess. Theater, Tanz und Musik bedeuteten mir alles, die Duse war, wie gesagt, mein Idol, und so habe ich das Buch regelrecht verschlungen. Fasziniert las ich, dass sie aus einer Künstlerfamilie in der Nähe von Venedig stammte und in bescheidenen Verhältnissen aufgewachsen war. Sie hatte wirklich eine harte Jugend. Unglaublich fand ich auch die damals in Italien verbreitete Unsitte, dass sich das Theaterpublikum während der Vorführung lauthals unterhielt und gar nicht richtig zuhörte. Man muss sich einmal vorstellen, welche Intensität eine Schauspielerin an den Tag legen musste, um ein solches Publikum gefangen zu nehmen. Eleonora Duse schaffte das, weil sie sich ihrem Spiel voll und ganz hingab, und zwar »mit meinem ganzen Herzen, meiner ganzen Seele und all meinen Kräften«, wie es an einer Stelle des Buches hiess. Als ich diese Worte las, wusste ich sofort: Das ist der Satz meines Lebens. Das ist meine Grundformel. Genauso will ich leben.

Und tatsächlich: Genauso habe ich meine Mutterschaft gelebt, gemäss diesen Worten habe ich stets meine Arbeit gemacht. Aber Moment! Denken Sie ja nicht, dass mein Leben nur aus Arbeit bestanden hätte. Weit gefehlt. Ich kann mich auch mit ganzem Herzen und ganzer Seele auf den Balkon meiner Wohnung setzen, hinausschauen und das Dasein geniessen. Einfach so. Im Grunde genommen bin ich immer davon ausgegangen, dass mein Leben dort ist, wo ich gerade bin, und dass ich genau dort auch tätig werden muss. Von Herzen gern, mit ganzer Seele und allen mir zur Verfügung stehenden Kräften.

Als mein Mann Cés am 25. Februar 2007 gestorben ist, hatten wir noch viele gemeinsame Pläne. Zahlreiche Auftritte waren bereits gebucht, der nächste Termin war auf den März anberaumt, eine Aufführung in Männedorf. Nachdem mich sein plötzlicher Tod zunächst total erschüttert hatte, realisierte ich ziemlich schnell, dass ich meinem Mann keinen Gefallen tun würde, wenn ich mich jetzt auch vergraben würde. Ich werde dann schon eines Tages auch in einem solchen Grab landen, aber noch nicht jetzt. Mein Satz hatte mich aufgerüttelt und daran erinnert, welch grossartiges Geschenk unser Dasein ist. So sagte ich mir: »Läubli, du hast eine Aufgabe. Du sollst vor den Menschen auftreten. Alles, was Cés geschrieben hat, soll nicht nur gelesen, sondern auch von einem Publikum gehört werden.« So habe ich den Veranstaltern angeboten, dass ich, falls sie interessiert seien, künftig allein auftreten würde. Den ersten Soloauftritt hatte ich in Männedorf, allerdings noch nicht im März, sondern vier Wochen später im April. Es war schwer, ganz ohne Zweifel, aber es hat mir auch sehr viel Freude und Zufriedenheit beschert.

Margrit Läubli wurde 1928 in Zürich geboren. Nach ihrer Ausbildung in klassischem Ballett, Sprechtechnik und Rollenstudium war sie während zwei Spielzeiten beim Cabaret Cornichon tätig, 1951 wechselte sie zum Cabaret Federal, wo sie ihren Mann César Keiser kennen lernte. Die beiden heirateten 1956, bekamen ihre Söhne Mathis und Lorenz und boten ab 1964 ihre gemeinsamen, vielfach preisgekrönten Produktionen an. Die zweifache Grossmutter lebt in Zürich.

Oswald Oelz

»Machen wir's, es wird schon gut gehen.«

Es gibt ein Erlebnis in meinem Leben, dank dem sich mir der Satz »Machen wir's, es wird schon gut gehen« tief eingeprägt hat. Das war die Besteigung des Mount Everest am 11. Mai 1978.

Ich war fünfundreissig Jahre alt, damals noch Assistent, aber vorgesehen als Oberarzt am Universitätsspital Zürich. Zu jener Zeit war der Everest noch ein wilder, einsamer Berg, und die statistische Chance, hochzukommen, betrug fünf Prozent. Als ich an jenem Tag mittags um zwölf Uhr plötzlich auf dem Gipfel stand, wusste ich, ich kanns. Das war eine gewaltige Erfahrung. Da wurde mir bewusst, dass mein Leben im Grunde schon immer im Zeichen dieses Mottos gestanden hatte.

Obwohl ich ein eher ängstlicher, scheuer Bub war, der nicht wahnsinnig viel Selbstvertrauen hatte und Kränkungen fürchtete, merkte ich schon früh, dass ich über eine gewisse Zähigkeit verfügte, die mir erlaubte, die Dinge anzupacken.

Schon als Dreizehnjähriger habe ich neben der Schule als Hilfsarbeiter im Wald gearbeitet, später dann auf dem Bau, und ab fünfzehn arbeitete ich regelmässig in der nahe gelegenen Limonadefabrik und habe Almdudler abgefüllt. Das ging alles wunderbar, und ich gewann an Selbstbewusstsein, weil ich dank dem selber verdienten Geld auf eigenen Füssen stand und den ganzen Sommer bergsteigen konnte. Ich realisierte, dass ich auf diesem Weg meine psychische und physische Position entscheidend verbessern konnte.

Auch die Schule habe ich zu meinem Erstaunen ohne jegliche Mühe durchlaufen, genauso das Medizinstudium, und als ich mich am Kantonsspital Zürich um meine allererste Stelle bewarb, bekam ich sie.

Das war sensationell. Es war Mai 1968, ich kam aus Innsbruck, trabte am Kantonsspital an und konnte sofort eine Stelle, und noch dazu eine gute, antreten. Ich erlebte eine fantastische, sehr erfolgreiche Zeit.

Seither ist es ständig so weitergegangen. Ich habe mich mit Lust und Freude in meine Arbeit gestürzt, und »the return on investment« war enorm.

Dass ich zuletzt an einem so schönen Spital wie dem Triemli in Zürich Chefarzt wurde, hätte ich mir in meinen kühnsten Träumen niemals vorzustellen gewagt.

Ich habe einfach immer gemacht, sei es im Beruf oder beim Bergsteigen, und alles ging gut. Selbst grösste Dummheiten habe ich mehr oder weniger unbeschadet überstanden. Ich denke da an jene Momente, in denen ich trotz eindeutiger Symptome der Bergkrankheit weitermarschiert bin und mich wirklich in Teufels Küche gebracht habe.

Oder als ich in einen hochgefährlichen Eisbruch eingestiegen bin – links und rechts krachte es schaurig – und ich einfach Glück hatte, dass es mich nicht erwischt hat. Glück gehört tatsächlich auch dazu, damit es gut geht, aber ich behaupte, dass man selber viel dazu beitragen kann, dass man Glück hat.

Oswald Oelz kam 1943 in Vorarlberg zur Welt. Nach seinem Medizinstudium in Innsbruck arbeitete er ab 1968 am Universitätsspital Zürich, wo er die Ausbildung zum Internisten durchlief. Von 1974 bis 1977 hielt er sich zu Forschungszwecken an der Vanderbilt University in Nashville, USA, auf. 1978 kehrte er ans Unispital Zürich zurück. Von 1991 bis zu seiner Pensionierung 2006 war er Chefarzt der Medizinischen Klinik am Triemlispital Zürich. Heute ist Oswald Oelz Schafzüchter, freier Autor und Vortragsredner. Er ist der dritte Bergsteiger auf den »Seven Summits«, den jeweils höchsten Gipfeln der sieben Kontinente Europa, Afrika, Süd- und Nordamerika, Asien, Australien und der Antarktis. Er ist verheiratet und lebt im Zürcher Oberland.

Peter Forstmoser

»Das schönste Wort im Wörterbuch ist ›trotzdem‹.«

Die Männer in meiner Generation sind noch sehr stark von ihren Erfahrungen im Militär beeinflusst worden. Einer Institution, in der ich insgesamt volle 1420 Tage, also fast vier Jahre meines Lebens, verbracht habe. Dort traf ich auf etliche Instruktionsoffiziere, die starke Persönlichkeiten waren. Männer, die auch im zivilen Leben Karriere gemacht hätten. Einer von ihnen, er hiess Zollikofer, prägte den Satz, der mich seither stets begleitet: »Das schönste Wort im Wörterbuch ist ›trotzdem‹.« Das war sein Leitmotto, mit dem er uns Aspiranten in schwierigen Situationen motiviert hat. Er wollte, dass wir nochmals einen Zacken zulegen und alles geben. Da er uns dies auf eindrückliche Art vorlebte, fielen seine Worte bei vielen von uns auf fruchtbaren Boden. Wir meisterten tatsächlich Schwierigkeiten, vor denen wir zunächst kapitulieren wollten. Ich bin überzeugt, dass sich alle, die bei Zollikofer in der Offiziersschule waren, noch heute an diesen Ausspruch erinnern.

Ich selber bin im Verlaufe meiner beruflichen Karriere immer wieder in Situationen geraten, in denen die Orientierung am »trotzdem« hilfreich war. Sei es, dass ich in meinem Beruf als Anwalt mit Fällen konfrontiert war, bei denen ich auf den ersten Blick keine befriedigende Lösung sah, eine solche aber dank Hartnäckigkeit und Beharrlichkeit doch noch fand. Sei es, dass ich mit Terminen derart in Verzug war, dass ich mir zunächst sagte: »Dieser Zug ist abgefahren.« Aber dank der Mobilisierung von zusätzlicher Energie – ich habe morgens oder abends noch ein oder zwei Stunden angehängt – bin ich dann doch noch fristgerecht fertig geworden.

Im Laufe meines Lebens habe ich jedoch gelernt, Dinge flexibler anzupacken. Das anspornende »trotzdem« kann auch verbissen, stur und unflexibel machen. Es gibt Situationen im Leben, in denen man einsehen muss, dass etwas wirklich nicht geht. Dass man einen völlig anderen Lösungsweg einschlagen oder sich eingestehen muss, dass man das falsche Ziel verfolgt hat. Kürzlich habe ich ein seit zwanzig Jahren gehegtes und durch fleissiges Sammeln gepflegtes Buchprojekt an eine jüngere Kollegin weitergegeben. Realistisch betrachtet, hätte ich es in diesem Leben nicht mehr umsetzen können. Heute frage ich mich öfters: Warum soll ich mich in ein Unterfangen verkrallen, um irgendwann zu merken, dass es eines zu viel war?

Vielleicht bin ich (auch gegenüber mir selbst) altersmilde geworden, sicher in meinen Ansprüchen etwas gelassener. Jedenfalls anerkenne ich die Relativität der eigenen Bedeutung, aber auch des Stellenwerts der Aufgaben, für die ich mich entschieden habe, heute besser als in Zeiten jugendlichen Ehrgeizes. Ich weiss, dass man sich nicht in jeden Knochen verbeissen muss, der einem vor die Nase kommt. Loslassen können ist eine Fähigkeit, in der ich mich in den letzten Jahren verbessert habe und hoffentlich noch weiter verbessern werde.

Das heisst aber nicht, dass ich heute nicht auch noch immer hartnäckig sein kann. Ich stehe mittendrin in meiner Tätigkeit als Verwaltungsratspräsident von Swiss Re und der Ausübung anderer Mandate. Daneben publiziere ich auch weiterhin mit Leidenschaft, wenn auch auf etwas kleinerem Feuer als früher. Und irgendwann will ich nach langer Pause wieder einen Marathon laufen, auch wenn es mit zunehmendem Alter schwieriger wird, fit zu bleiben. Trotzdem!

Peter Forstmoser wurde 1943 in Zürich geboren. Der promovierte Jurist und Rechtsanwalt ist seit 2000 Präsident des Verwaltungsrats bei der Schweizerischen Rückversicherungs-Gesellschaft, Swiss Re, dazu bei Hesta AG und Hesta Tex AG sowie seit vielen Jahren Mitglied des Verwaltungsrates der Mikron Holding AG und der Familie Ernst Basler AG. Von 1974 bis 2008 war er Professor für Privat-, Handels- und Kapitalmarktrecht an der Universität Zürich. Im Militär war er Major, er hat zwei Söhne, ist geschieden und – trotzdem – seit bald zwanzig Jahren in festen Händen.

Bernard Thurnheer

»Gib immer dein Bestes, mehr kannst du nicht,
weniger darfst du nicht.«

Ich liebe Zitate, treffende Sprüche, tiefschürfende Lebensweisheiten, aber auch witzige Bonmots und habe mir eine Datei angelegt, die bereits mehr als tausend Fundstücke enthält. Mein Lieblingssatz stammt vom englischen Schauspieler Sir Laurence Olivier: »Gib immer dein Bestes, mehr kannst du nicht, weniger darfst du nicht.« Echt stark!

Zum ersten Mal gehört habe ich diese Aussage 1995 in einem Gespräch mit Roy Hodgson, dem ehemaligen Trainer der Schweizer Fussballnati. Er bezog sie auf seine Spieler, die doch, bitte schön, ihr Bestes geben sollten. Ich selber fühlte mich sofort an einige unliebsame Momente in meiner Karriere als Fernsehmoderator erinnert, in denen ich glaubte, meinen Job mit links erledigen zu können, routiniert wie ich bin. Da hatte ich mich beispielsweise ungenügend auf ein Interview im »Sportpanorama« vorbereitet, hatte also alles andere als mein Bestes gegeben, und prompt ging es in die Hose. Meine Fragen waren unpräzise, die Antworten meines Gasts mittelmässig, und wir kamen nicht vom Fleck. Das sind, Gott sei Dank, Ausnahmen geblieben. Normalerweise bin ich ein Mensch, der äusserst gründlich arbeitet, sich auf alles und jedes akribisch vorbereitet und nichts dem Zufall überlässt.

Das Motto von Sir Laurence Olivier bringt mein berufliches Ethos auf den Punkt. Als ich in der Folge seine Biografie las, bin ich auf eine Passage gestossen, die auf extreme Art zeigt, wie er seinen Perfektionismus in die Tat umsetzt. Er spielte den Othello im gleichnamigen Theaterstück von Shakespeare. Während andere Schauspieler sich damit begnügen, ihr Gesicht schwarz zu färben, hat er sich den ganzen Körper angemalt, um wirklich zu fühlen, was es heisst, in der Haut eines Schwarzen zu stecken. Das hat mir enorm imponiert.

Wenn ich in meinem Beruf das Beste gebe, sieht das so aus: Bereits Monate vor einer sportlichen Grossveranstaltung wie der Fussball-Europameisterschaft fange ich an, zu jedem Spieler eine Fiche anzulegen. Natürlich kann ich auf viele Informationen zurückgreifen, die ich bereits in den Jahren zuvor gesammelt habe, aber erstens müssen diese aktualisiert werden, und zweitens kommen bei jedem Anlass neue Spieler dazu, deren Geschichte ich von Grund auf neu recherchieren muss. Im Zeitalter des Internets bin ich vor allem gefordert, die Informationsflut zu entschlacken und mich auf die wirklich wichtigen Fakten zu beschränken. Es wäre überhaupt kein Problem, Körpergrösse, Gewicht und Sternzeichen jedes einzelnen Spielers bekannt zu geben. Ich beschränke mich darauf, nur auf den Kärtchen jener, die unter dreiundzwanzig und über dreissig Jahre alt beziehungsweise 1,90 Meter und grösser oder 1,70 Meter und kleiner sind, eine entsprechende Notiz zu machen. Rückt die EM oder ein anderer Grossanlass näher, gehts an den Feinschliff. Dann lerne ich die Informationen auswendig und mache mich noch kundig, wie komplizierte fremdländische Namen ausgesprochen werden. Die gesamte Vorbereitung hält mich rund dreihundert Stunden auf Trab – »weniger darf ich nicht«, um mit Sir Laurence Olivier zu sprechen.

»Mehr kannst du nicht« ist noch mal eine ganz andere Nummer. Da geht es darum, sich der eigenen Grenzen bewusst zu werden und in meinem Fall zu akzeptieren, dass ich weder das Zeug zum Profifussballer habe noch zum Sprintstar, der hundert Meter in zehn Sekunden zurücklegt. Dieses »Mehr kannst du nicht« macht das Olivier'sche Lebensmotto human. »Weniger darfst du nicht« hat hingegen etwas Gnadenloses. Da spricht ein Mensch, der keine halben Sachen duldet. Es gibt allerdings noch einen anderen Satz, einen Verwandten meines Lieblingszitats sozusagen, der etwa dasselbe aussagt, aber viel knapper, tougher und härter ist: »Be yourself – but better.« Da saust der Leistungshammer wirklich mit voller Wucht auf einen nieder, aber ich liebe dieses Absolute, Unerreichbare, so soll doch irgendwie das Leben sein.

Bernard Thurnheer kam 1949 in Winterthur zur Welt. 1973 schloss er sein Studium der Rechtswissenschaften an der Universität Zürich ab. In den letzten dreissig Jahren war er für Radio und Fernsehen sowohl in den Sparten Sport wie auch Unterhaltung tätig. Bekannt wurde er vor allem durch seine Präsentation von TV-Shows wie »Tell-Star« und »Benissimo« sowie seine Fussball-Kommentatorentätigkeit, darunter sechsmal an WM-Endspielen. Er lebt von seiner Frau getrennt und hat zwei Söhne.

Barbara E. Ludwig

»Die Würde des Menschen ist unantastbar.«

Es gibt einen Satz, der mich von jeher bei meiner Berufsarbeit begleitet: »Die Würde des Menschen ist unantastbar.« Das sagt sich so leicht. Wer wollte schon etwas gegen diese Worte einwenden, die ja auch in verschiedenen Grundgesetzen stehen? In Tat und Wahrheit aber ist es sehr schwierig, diesen Satz richtig zu interpretieren und im Alltag umzusetzen.

Was ist überhaupt Würde? Über dieser Frage haben die grössten Philosophen und Theologen gebrütet und sind trotzdem nicht zu einer endgültigen Antwort gekommen.

Ein amerikanischer Rechtsgelehrter hat einmal gesagt: »I know it when I see it.« Daran musste ich denken, als ich in meiner Funktion als Expertin für die Folterkommission des Europarats ein Gefängnis im Ausland besuchen musste, um herauszufinden, wie die Gefangenen behandelt werden. Die Zustände, die dort herrschten, waren grauenhaft: kein Strom, kein fliessendes Wasser, überall Ungeziefer, mehr als hundert

Männer in einem Schlafsaal, darunter Tuberkulosekranke, die in ihren dreckigen Kajütenbetten lagen. Das Bewachungspersonal musste den Raum verlassen, um meine Befragung nicht zu beeinflussen. So war ich allein mit einem Übersetzer und fühlte mich mehr als unbehaglich. Da trat einer der Gefangenen auf mich zu und entschuldigte sich dafür, dass sie mir mangels Wasser und Strom keinen Tee anbieten könnten, wie es die Gastfreundschaft bei ihnen gebieten würde. Ich war fassungslos und sehr berührt. Wie viel Würde strahlte dieser Mann in diesem Moment aus. Selbst die menschenunwürdigen Umstände, in denen er sich befand, hatten diesem Kern seiner Persönlichkeit nichts anhaben können.

Die Erinnerung an dieses Erlebnis bereitet mir noch heute Freude. Aber in meiner Arbeit mit Asylsuchenden, Drogenabhängigen, Kriegsopfern oder Ausschaffungshäftlingen, aber auch mit Betagten habe ich auch immer wieder realisiert, wie schnell die Würde eines Menschen verletzt werden kann. Dagegen habe ich anzukämpfen versucht, wieder und wieder.

Zum Beispiel als Ausbildnerin an der Polizeischule in Sempach, wo ich probiert habe, den jungen Leuten begreiflich zu machen, dass sie bei Verhaftungen menschenwürdig vorgehen müssen. Das heisst beispielsweise, dass man bei Personenkontrollen die Menschen nicht schlagen darf und der Körper nur von Polizisten des gleichen Geschlechts abgetastet werden darf.

Allgegenwärtig sind Fragen der Würde auch bei der Arbeit mit Drogensüchtigen. Sucht greift die eigene Würde zentral an. Wer süchtig ist, macht alles, um an seinen Stoff zu kommen; er prostituiert sich, lügt, betrügt, stiehlt – einfach alles. Diese Männer und Frauen unterminieren ihre eigene Würde ständig, und trotzdem besteht der Anspruch an eine Polizistin oder einen Sozialarbeiter, dass sie die Würde dieser Menschen respektieren, kurz: sie so behandeln, wie sie sich selber schon lange nicht mehr behandeln.

Auch in meiner aktuellen Tätigkeit als Leiterin des Opfer- und Zeugenschutzes am Kriegsverbrechertribunal in Den Haag bin ich nahezu täglich mit dem Thema Würde konfrontiert. Da muss beispielsweise ein Mann im Gerichtssaal erzählen, wie seine beiden Söhne bei einem Massaker vor seinen Augen getötet wurden. Dabei beginnt er zu weinen, zu schlottern und zu schwitzen. Das beschämt ihn dann total, weil er glaubt, sein Verhalten sei eines Mannes unwürdig. Die Kunst unserer Betreuung in der Gerichtspause besteht nun darin, ihm so zu begegnen, dass seine Würde gewahrt bleibt. Das heisst, wir müssen bei ihm sein und ihm die Berechtigung all seiner Trauer- und Stresssymptome aufzeigen, ohne ihn zu sehr zu bemuttern und damit alles nur noch schlimmer zu machen. Sie sehen, je älter ich werde, umso besser kann ich den abstrakten Begriff Würde mit konkretem Inhalt füllen.

Barbara E. Ludwig wurde 1958 in Luzern geboren und wuchs in St. Moritz GR auf. Nach dem Jurastudium war sie für die Schweizerische Flüchtlingshilfe und das Rote Kreuz tätig. Ab 1994 leitete sie das Rückführungszentrum für Drogenabhängige in Zürich, 1996 wurde sie Direktorin des Flughafengefängnisses, 1999 Leiterin der Gefängnisse des Kantons Zürich. Zwei Jahre später wählte man sie zur Kommandantin der Kantonspolizei Schwyz, 2005 wurde Ludwig Chefin der Pro Senectute Zürich. Seit Mai 2007 steht sie der Abteilung Opfer- und Zeugenschutz am Uno-Tribunal für Ex-Jugoslawien in Den Haag vor. Sie ist verheiratet.

Roger Köppel

»Über dem Abgrund schaukelt die Wiege, und der platte Menschenverstand sagt uns, dass das Leben nur ein kurzer Lichtspalt zwischen zwei Ewigkeiten des Dunkels ist.«

Es gibt einen Satz, auf den ich vor vielen Jahren gestossen bin und der genau das ausdrückt, was ich selber schon lange vorher genauso empfunden habe: »Über dem Abgrund schaukelt die Wiege, und der platte Menschenverstand sagt uns, dass das Leben nur ein kurzer Lichtspalt zwischen zwei Ewigkeiten des Dunkels ist.« Mit diesen Worten eröffnet der russische Dichter Vladimir Nabokov seinen Memoirenband »Erinnerung, sprich – Wiedersehen mit einer Autobiographie«. Auf eine mathematische Formel gebracht: Zweimal unendlich lang tot minus x Jahre auf diesem Planeten – gibt es eine originellere Formulierung für das, was wir Leben nennen? Ich empfinde diesen Satz als frivol beziehungsweise als scherzhafte Zusammenfassung von dem, was letztlich die Tragik der Existenz ausmacht.

Diese Worte sind aber in meinen Augen überhaupt nicht deprimierend, sie bilden nichts als die Realität ab und bringen eine umfassende Relativierung unseres Lebens und Handelns zum Ausdruck. Da sind wir bereits Milliarden von Jahren tot, ehe wir überhaupt zu existieren beginnen, und nachher sind wir wieder Milliarden von Jahren tot. Gemessen daran wird alles, was wir hier machen, entweder unendlich bedeutungsvoll oder unendlich bedeutungslos. Angesichts der Tatsache, dass ich bald wieder unendlich lange tot sein werde, kann ich mich fragen, was ich bisher überhaupt schon geleistet habe. Nichts. Alles irrelevant. Gleichzeitig kann man sich überlegen, dass sich heute auch kaum noch jemand an den Architekten der ägyptischen Cheopspyramide erinnert, und gleichwohl hat er ein erwiesenermassen bedeutendes Bauwerk geschaffen, das Bestand hat. So gesehen liefert Nabokovs Satz die totale Relativierung, aber auch Motivation und Ansporn.

Ich habe auch schon an Redaktionssitzungen im Scherz gesagt: Die besten Ideen, die wir da zusammentragen, und die tollsten Geschichten, die wir schreiben, sind lächerlich angesichts der Tatsache, dass wir eines Tages wieder unendlich lang tot sein werden. Das relativiert zwar unser Handeln, kann uns aber auch motivieren. Ideal, nicht wahr? Es tut gut, sich dieser Wahrheit bewusst zu sein. Ich glaube nicht an die Reinkarnation, und so gesehen sollte man wenigstens das, was man macht, ernst nehmen, sich selber aber deutlich weniger. Es ist ja meistens umgekehrt: Die Leute nehmen sich selber zu ernst und messen dem, was sie machen, eine viel geringere Bedeutung bei. So verstanden ist Nabokovs Satz auch ein therapeutischer Satz gegen zu viel Egoismus und Narzissmus, jene Krankheit, der ja die meisten im Journalismus anheimfallen. Der Satz hat, brillant formuliert, wie er ist, auch einen ironischen Unterton: »Der platte Menschenverstand« reicht aus, um uns diese unendlich bedeutungsschwere Einsicht zu vermitteln, dass »unser Leben nur ein kurzer Lichtspalt zwischen zwei Ewigkeiten des Dunkels« ist – diese Ironie gefällt mir sehr. Ich sage ausdrücklich Ironie, denn der Satz ist wirklich ironisch und nicht zynisch. Die Tatsache, dass der Mensch stirbt, ist realistisch, nicht zynisch. Aber natürlich gibt es sehr viele Menschen, die die Benennung der Realität als Zynismus empfinden und sie lieber verdrängen würden.

Roger Köppel wurde 1965 als Sohn eines Bauunternehmers in Zürich geboren. Er studierte Politische Philosophie und Wirtschaftsgeschichte in Zürich und Stuttgart. Seine journalistische Karriere begann er als Redaktor bei der »Neuen Zürcher Zeitung« in den Ressorts Sport und Feuilleton. Von 1994 bis 2001 stand er in den Diensten der Tamedia AG und arbeitete unter anderem als Chefredaktor des »Magazins«. 2001 übernahm er den Chefredaktorenposten der »Weltwoche«, 2004 denjenigen der »Welt« in Berlin. Seit November 2006 ist Roger Köppel wieder Chefredaktor und neu auch Verleger der »Weltwoche«.

Bernhard Russi

»Vergiss nicht, wieder vom Podest herunterzusteigen.«

Der Satz, der zu einer Art Lebensmotto für mich werden sollte, entstand an der WM 1970 in Gröden. Es war überraschend, dass ich überhaupt dabei war. Einen Monat zuvor war ich noch nicht einmal Mitglied der Nationalmannschaft gewesen. Als ich in Gröden mit der Startnummer 15 ins Ziel kam, war klar, dass ich Weltmeister war. Niemand hatte damit gerechnet. Im Zielraum ging ein riesiges Tohuwabohu los. Alle stürmten auf mich ein, es ging drunter und drüber.

Mein Vater war nicht oft bei den Rennen dabei. Es war eigentlich das erste grosse Rennen, an dem er dabei war. Wir hatten am Morgen abgemacht, dass wir zusammen Abend essen würden. Mitten in diesem Durcheinander kam mein Vater zu mir und sagte: »Also, Bueb, wir sehen uns dann heute Abend zum Nachtessen. Aber vergiss nicht, wieder vom Podest herunterzusteigen.« Ich war damals zweiundzwanzig Jahre alt. Es war der schönste Moment meines Lebens. Ich war euphorisch, begann zu fliegen. Aber ich realisierte genau, was mir mein Vater sagen wollte. Wenn du nicht vom Podest runterkommst, können wir auch nicht zusammen Znacht essen. Aber es hatte natürlich einen doppelten Sinn. Und dieser zweite Sinn hat mich sehr stark geprägt. Das Podest hat drei Stufen: drei zum Hinaufsteigen und drei zum Heruntersteigen.

Dieser Satz meines Vaters kommt mir bis heute immer wieder in den Sinn. Er bedeutet, im Moment, wo man zuoberst ist, daran zu denken, wie es unten aussieht. Und umgekehrt weiss man auch: Wenn man unten ist, wird es an einem Ort eine Treppe geben, die man wieder hinaufsteigen kann.

In meiner Karriere habe ich dieses Auf und Ab sehr intensiv erlebt. Anders als zum Beispiel Franz Klammer habe ich nie zwei Rennen hintereinander gewonnen. Ich war kein Seriensieger. Vielleicht ist das eine Charakterfrage. Ich dachte nie: Ich bin so gut, dass mich keiner schlagen kann. Man gewinnt ein Rennen nicht deshalb, weil die anderen nichts können. Man gewinnt, weil man einen Fehler weniger gemacht hat als die anderen. An jenem Tag in Gröden war es ganz speziell. Ich hatte den schnellsten Ski, ich hatte die beste Startnummer. Wenn ich an diesem Tag die Startnummer 1 gehabt hätte, sässe ich heute nicht hier.

Wenn man zuoberst ist, darf man ruhig einen Moment lang durchatmen und sagen: Okay, jetzt habe ich es erreicht. Aber man soll nicht glauben, dass die andern nichts können. Das hat auch mit der Wertschätzung des Gegners, des Mitmenschen zu tun.

Mein Vater war auch schon Spitzensportler, er war einer der besten Vierer-Kombinierer der Schweiz. Er stand mit beiden Füssen auf dem Boden und hat zusammen mit meiner Mutter dafür gesorgt, dass ich nie abhob. Ich glaube, das ist der Grund, warum meine Karriere über so viele Jahre gedauert hat. Mit Hoch und Tiefs. Es gibt im Leben immer wieder Momente, wo man unheimlich glücklich ist. Wo man glaubt, dass jetzt alles einfach so weiterläuft. Wenn man gesund ist und sich dessen nicht bewusst ist, verpasst man etwas. Man muss das Glück bewusst erleben. Ich versuche, das auch meinen Kindern weiterzugeben. Es muss nicht der gleiche Spruch sein. Aber wenn ich merke, dass sie ein Tief haben, versuche ich, sie daran zu erinnern, dass die anderen Momente zurückkommen werden. Das Leben ist eine Welle. Mit einem Unterschied: Man muss sie nicht einfach laufen lassen, man kann etwas dazu beitragen.

Bernhard Russi, Jahrgang 1948, wuchs in Andermatt UR auf. Er machte eine Lehre als Hochbauzeichner, entschied sich dann aber für den Spitzensport. 1970 wurde er Abfahrtsweltmeister, 1972 gewann er an den Olympischen Spielen von Sapporo Gold in der Abfahrt, 1976 wurde er in Innsbruck Zweiter. Er gewann zudem zehn Weltcuprennen. Heute arbeitet Russi unter anderem als Pisten-Architekt, TV-Kommentator, Kolumnist, Werbeträger und VR-Delegierter von Bogner Schweiz. Er ist verheiratet und hat zwei Kinder.

Maria Becker

»Das Einzige, was nicht trügt, ist der Schein.«

Ein Ausspruch meiner Freundin Grete Ring, einer Kunsthistorikerin, hat mir grossen Eindruck gemacht und ist mir bis heute in Erinnerung geblieben. Ich hatte Grete in London kennen gelernt. Wir frühstückten immer zusammen, und bei so einem Frühstück… Aber – vielleicht beginne ich besser von vorne: Es war direkt nach dem Krieg. Ich spielte am Schauspielhaus Zürich und wurde dort von Val Gielgud angefragt, ob ich nach London käme, um »Die heilige Johanna« von George Bernard Shaw zu spielen. Nicht im Fernsehen! Fernsehen gabs damals ja noch gar nicht. Nein, am Radio. Radio BBC. Ein Hörspiel. Hochprofessionell gemacht. Für Proben und Aufnahmen hatten wir ganze drei Wochen zur Verfügung. Gelesen haben wir in einem Raum, in welchem an mehreren Standorten Mikrofone aufgestellt waren. Mit dem Text in der Hand mussten – oder eher durften – wir uns an verschiedene »Spiel«-Orte begeben. Die Dynamik, die dadurch entstand, war wunderbar. Ich hatte aber beim Spielen immer entsetzliches Lampenfieber, und in dem Moment als ich die Ansage hörte – »This is the BBC home service with ›Saint Joan‹ by George Bernard Shaw« – und kurz darauf meinen Namen, da war ich dann so aufgeregt, dass ich dachte, jetzt kann ich weder englisch noch deutsch sprechen.

Wohnen konnte ich in dieser Zeit bei »the Honourable Elizabeth Montagu«. Eine Freundin von mir, eine Schauspielerin, die ich während des Krieges in Zürich kennen gelernt hatte. Sie stammte – leider ist sie längst verstorben – aus der Dynastie Montagu und war eine Nachfahrin des Lord Montagu, zu dessen Ehren William Shakespeare Romeo den Nachnamen Montagu gegeben hatte. Ich schweife ab, pardon, aber es gäbe noch so viel zu erzählen aus dieser Zeit. Nun – es geht ja um den Satz, der mir wichtig ist: Ich durfte also im Hause von Elizabeth Montagu wohnen. In der Londoner South Street, die glücklicherweise nicht bombardiert worden war, und lernte dort Grete Ring kennen, die nicht nur Kunsthistorikerin, sondern auch Kunsthändlerin war. Eine sehr bekannte übrigens. Und eben, wir frühstückten meist zusammen. Redeten, philosophierten, schwatzten. Und irgendwann sprachen wir wohl über jemanden. Über wen und in welchem Zusammenhang, das weiss ich natürlich jetzt, Jahrzehnte später, nicht mehr. Jedenfalls gab ein Wort das andere, und ich sagte: »Wissen Sie, der Schein trügt.« Darauf sah mich Grete sehr ernst an und erwiderte: »Im Gegenteil! Das Einzige, was nicht trügt, ist der Schein.« Je länger ich über diesen Satz nachdachte, umso mehr leuchtete er mir ein. Und mit der Zeit wurde mir klar: Es ist ein fantastischer Satz.

Nein, von Situationen erzählen, in welchen er mir weitergeholfen hätte, könnte ich nicht. Es ist einfach ein Satz, der mich durch all die Jahre hindurch begleitet hat.

Es ist gut, zu wissen, dass der Schein, also das, was wir als Erstes von einer Person – oder einer Sache, das kann es ja durchaus auch sein, eine Sache – wahrnehmen, sehr wohl seine Bedeutung hat. Eine Bedeutung, die wir wichtig und ernst nehmen sollten.

Maria Becker wurde 1920 in Berlin geboren. 1936 verliess sie gemeinsam mit ihrer Mutter die Stadt, die im Banne Hitlers stand, und wechselte nach Wien. Hier besuchte sie das Max-Reinhardt-Seminar. Nach dem sogenannten »Anschluss« Österreichs ans Deutsche Reich wanderte sie 1938 nach Zürich aus und wurde am Schauspielhaus engagiert. Sie spielte in zahllosen klassischen und modernen Stücken, liess sich auch am Burgtheater in Wien und am Schauspielhaus in Hamburg verpflichten. Später war sie vermehrt auch als Regisseurin tätig. Einem breiten Publikum wurde Maria Becker durch ihre Auftritte in etlichen Fernsehkrimis wie »Derrick«, »Der Alte« und »Siska« bekannt. Ihre Söhne Benedict Freitag und Oliver Tobias sind ebenfalls Schauspieler.

Werner Kieser

»Was du vermagst, ist dein Vermögen.«

Schwere Kost«, meinte Hans, bevor er mir das kleine gelbe Reclam-Buch übergab. Hans, mein damals fünfundsiebzigjähriger Mentor, ehemaliger Erster-Weltkriegs- und Spanienkämpfer – auf der Seite der Anarchisten, selbstverständlich –, fuhr fort: »Schopenhauers Aphorismen hast du ja schon gelesen; der war Pessimist. Der Stirner aber«, Hans reichte mir das Buch mit gestreckten Armen hin, so als müsste er es sich selbst vom Leibe halten, »das ist ein Nihilist.«

Na und, dachte ich, der ich ohnehin nicht so genau wusste, was ein Nihilist ist.

»Aber er ist Granit, jawohl, ein Brocken Granit in der Landschaft der abendländischen Philosophie«, dozierte Hans weiter. »Er hat nur dieses eine Buch geschrieben. Wenn du es gelesen hast, weisst du, warum: Es gibt nichts mehr zu schreiben. Es ist das Ende der Philosophie.« Wenn das alles ist, wird es ja wohl nicht so schlimm sein, dachte ich, schliesslich gibt es Wichtigeres als Philosophie. Das traute ich mich aber nicht, Hans gegenüber zu äussern, da er sich solche Mühe gab, meinen Horizont zu erweitern, den er für etwas zu kleinbürgerlich hielt.

Da Hans mir stets kluge Ratschläge gab, die ich im Alter von achtzehn Jahren auch dringend nötig hatte, las ich das Buch »Der Einzige und sein Eigentum« in einem Zug durch.

Ich verstand erst mal nichts. Meine Kenntnisse der politischen und philosophischen Situation im Deutschland des Vormärz um die Mitte des 19. Jahrhunderts waren gleich null. Aber ein Satz Stirners blieb bei mir hängen und brannte sich für immer in mein Hirn ein: »Was du vermagst, ist dein Vermögen.«

Auf den ersten Blick sieht das nach einer Tautologie aus – auf den zweiten erweist es sich als eine Weltanschauung, die lautet: »Nicht was du hast, ist von Wert, sondern was du kannst.«

Vermutlich weil ich diesen einzigen Satz verstanden habe, begleitet mich das kleine Buch mein Leben lang – ja es wurde gewissermassen zum Buch meines Lebens. Von Jahr zu Jahr erschloss sich mir nach und nach sein Inhalt, der mich da- und dorthin führte, zu Hegel, zu Feuerbach, Marx, Nietzsche, Sartre und zu vielen anderen.

Max Stirner – eine Zufallsbegegnung mit Langzeitwirkungen. Der Philosoph Max Stirner jedoch ist verfemt und aus dem öffentlichen Bewusstsein verdrängt von jenen, die ihn kennen, aber seine Nachbarschaft meiden. Als ich seinem Werk begegnete, war ich unbefangen, war kein Akademiker, der mit seiner Sympathie für diesen Autor um die eigene Reputation hätte fürchten müssen.

Genau fünfzig Jahre sind seither vergangen. Ich habe das kleine Buch wiederholt kaufen müssen, weil ich meine ersten

Exemplare bis zur Unleserlichkeit vollgekritzelt hatte und die Randnotizen auch nicht mehr so aktuell waren, wie es sein Inhalt geblieben ist.

Werner Kieser, geboren 1940, wuchs im Aargau auf und lernte Schreiner. Mit siebzehn zog er sich beim Boxen eine Verletzung zu. Um die Rehabilitation zu verkürzen, riet ihm ein Kollege zum damals noch fast unbekannten Krafttraining. Kieser war von der Wirkung fasziniert. 1966 eröffnete er in Zürich seinen ersten Kraftraum. Seit 1997 ist er mit seinem Franchisesystem in Europa fest etabliert. Heute gibt es weltweit über 150 Kieser-Studios mit über 300 000 Kunden. 2005 erwarb Kieser im Fernstudium einen Bachelor in Philosophie in englischer Sprache. Er wohnt mit seiner Frau, einer Medizinerin, in Zürich.

Klara Obermüller

»Lass sie nur, sie machts schon recht.«

Wann der Satz zum ersten Mal fiel, weiss ich nicht mehr. Aber sicher war ihm eine jener Szenen vorausgegangen, wie sie in unserer Familie häufig vorkamen: Ich hatte etwas angestellt, meine Mutter war ausser sich, und mein Vater versuchte zu beschwichtigen. Er tat es jeweils mit dem Satz: »Lass sie nur, sie machts schon recht.« Oder auf Berndeutsch: »Lass äs nume, äs machts scho rächt.«

Mein Vater war ein ruhiger Mensch, der andere leben liess. So etwas wie Angst kannte er nicht. Meine Mutter hingegen witterte überall Gefahren und war im Tiefsten davon überzeugt, dass im Leben alles nur immer schiefgehen kann. Am meisten Sorgen machte sie sich um mich, ihr einziges Kind. Ich war wild, ich war unternehmungslustig, und ich spielte lieber mit Buben als mit Mädchen. Später ging ich zu den Pfadfindern. Und noch später vergnügte ich mich auf Partys und liess mich mit den falschen Männern ein. Alles Dinge, die meine

Mutter in helle Aufregung versetzten. Wenn ich zu spät nach Hause kam, sah sie mich tot im Strassengraben liegen. Wenn ich mich verliebte, fürchtete sie eine Schwangerschaft, die mir mein junges Leben ruinierte.

Zum Glück gab es da noch Vater mit seinem Satz: »Lass äs nume, äs machts scho rächt.«

Bis heute höre ich ihn mit seiner ruhigen Stimme diese paar einfachen Worte sagen: für mich die väterliche Formel des Urvertrauens. Er brachte damit zum Ausdruck, dass er an mich glaubte und mir zutraute, was ich mir vorgenommen hatte. Lass das Kind nur machen. Es geht seinen Weg, und der ist richtig, so lautete die Botschaft. Sie verfehlte ihre Wirkung nie und verschaffte mir den Freiraum, den ich brauchte, um leben zu können. Ich weiss nicht, ob sich mein Vater bewusst war, welch nachhaltige Wirkung seine Worte auf mich hatten. Sie haben mir Selbstvertrauen gegeben und mich zu einem Menschen gemacht, der sich gerne auf Neues einlässt und auch vor Risiken nicht zurückschreckt. Dass ich bisweilen auch unüberlegt gehandelt und mein Glück aufs Spiel gesetzt habe, ist mir bewusst. Doch die Erinnerung an das väterliche »Lass äs nume, äs machts scho rächt« hat mich nie verlassen. Sie hat mir immer wieder Kraft gegeben und die innere Gewissheit, dass am Ende alles so herauskommt, wie es für mich richtig ist.

Natürlich liegt auch etwas Fatalistisches in dieser Haltung, und ich glaube, mein Vater war tatsächlich ein Fatalist. Aber das heisst nicht, dass er gleichgültig gewesen wäre. Er ruhte vielmehr in sich selbst. Er war abenteuerlustig und hat als leidenschaftlicher Bergsteiger auch mehr als einmal sein eigenes Leben riskiert. Vielleicht wusste er gerade deshalb so gut, wie wichtig es ist, einen jungen Menschen seine eigenen Erfahrungen machen zu lassen und ihm nicht alles zu verbieten, was schiefgehen könnte.

Ich bin ihm jedenfalls dankbar für die Selbstsicherheit, die er mir mit auf den Lebensweg gab, so wie ich meiner Mutter dankbar bin für die Fürsorglichkeit, in die sie mich einhüllte. Beides war wichtig. Das Grundvertrauen aber, das mein Vater mir entgegenbrachte, hat mir immer wieder Mut gemacht, mich auf Dinge einzulassen, deren Ausgang ungewiss war. Ich denke da an jene Blitzentscheidung, im Alter von sechsundfünfzig Jahren meine Stelle bei der »Weltwoche« aufzugeben und beim Schweizer Fernsehen noch einmal neu anzufangen. Oder ich denke daran, wie ich seinerzeit, 1974, bei der »Neuen Zürcher Zeitung« den Bettel hinwarf, weil ich von Chefredaktor Fred Luchsinger gezwungen wurde, mich zwischen dem Job und meiner Liebe zu dem als links verschrienen Schriftsteller Walter Matthias Diggelmann zu entscheiden.

»Lass sie nur, sie machts schon recht« – der Satz klang mir auch damals im Ohr. War es richtig, was ich tat? Oder war es der Fehler meines Lebens? Wissen konnte ich es nicht, nur spüren – im Vertrauen auf jene Kraft, die mein Vater mir zugetraut hatte. Im Nachhinein bin ich mir sicher, dass es gut war, was ich gemacht hatte.

Klara Obermüller, geboren 1940 in St. Gallen, ist in Zürich aufgewachsen, wo sie auch Germanistik und Romanistik studierte und promovierte. Schon während des Studiums wandte sie sich dem Journalismus zu, arbeitete zunächst beim »du«, später bei der »NZZ« und schliesslich, nach Jahren freiberuflicher Tätigkeit, bei der »Weltwoche«. Von 1996 bis zu ihrer Pensionierung im Jahre 2002 moderierte Klara Obermüller die Sendung »Sternstunde Philosophie« von SF DRS. Heute ist sie als freiberufliche Publizistin, als Moderatorin von Podiumsdiskussionen sowie als Referentin in der Erwachsenenbildung tätig.

Christophe Keckeis

»Savoir jusqu'où on peut aller trop loin.«

Wissen, wie weit man zu weit gehen kann. Dieser Satz hat mich sehr früh geprägt. Mein Vater war Philosoph, und wir haben zu Hause viel über Menschen, über Menschenführung diskutiert. Kann man in gewissen Fällen zu weit gehen und nachher zeigen, dass dies gescheit war? Diese Frage hat mich stets fasziniert, als Jugendlicher, als Student, später als Fluglehrer. Als wir in der Offiziersschule unsere Führungsgrundsätze aufschreiben mussten, gab ich mir diesen Satz vor – für den Fall, dass ich in irgendeinem Bereich eine Führungskarriere machen sollte.

Natürlich darf man nie so weit gehen, dass es negative Folgen hat. Aber wenn man nie zu weit geht, kann man nichts leisten im Leben. Ich habe sehr viele Beispiele erlebt, wo es gescheit war, zu weit zu gehen.

Eine der schwierigsten Situationen in meinem Leben war das Kommando der Operation »Alba«. Mitten im Kosovo-

Krieg von 1999 entschloss sich die Schweiz, drei Super-Puma-Helikopter nach Albanien zu schicken, um humanitäre Hilfe zu leisten. Die Schweiz hatte zuvor noch nie so etwas gemacht, deshalb gab es kaum Rechtsgrundlagen.

Unsere Aufgabe war es, Hilfsgüter von Tirana in die Flüchtlingslager an der Grenze zu fliegen. Anschliessend kehrten die Helikopter leer zurück. Als Kommandant vor Ort merkte ich schnell, dass das ein Leerlauf war. Anstatt leer zurückzufliegen, hätten wir Verletzte und Kranke mitnehmen können. Ich diskutierte das mit der Verwaltung in Bern. Dort hiess es: »Nein, das geht nicht.« Ich sagte: »Doch, wir müssen es tun. Das ist sinnvoll.« So begann ich, ohne Bewilligung aus Bern, mit diesen Personentransporten. Später kam eine Antwort: »Jawohl, Sie können es machen, aber es braucht für jeden Flug eine Passagierliste.« Ich versuchte zu erklären, dass dies ein Krieg war und die Flüchtlinge oft keinerlei Papiere besassen. Doch Bern bestand darauf, dass jedes Mal eine Passagierliste erstellt würde.

Damals entschied ich weiterzumachen – auch ohne die Einwilligung Berns. Ich wusste: Wenn etwas schiefläuft, wenn ein Helikopter abstürzt, komme ich vor Gericht. Doch ich nahm das in Kauf, weil ich hundertprozentig sicher war, dass wir das Richtige taten.

Kurz darauf gab es eine weitere Diskussion. Wir merkten, dass die vorgeschriebene Sitzordnung der Helikopter nicht optimal war. Deshalb nahmen wir die Sitze raus und nutzten das Volumen je nach Einsatz unterschiedlich. Selbstverständlich hielten wir die Gewichtslimite stets ein. Die Frage war, wie viele Personen wir transportieren durften. Die Beamten in Bern schauten im Reglement nach und erklärten, ein Super-Puma könne neben Pilot, Co-Pilot und Mechaniker maximal achtzehn Infanteristen tragen. Ich versuchte klarzumachen, dass wir nicht voll ausgerüstete Infanteristen, sondern verwundete Kinder, halb verhungerte Menschen transportierten. Vergebens. Ich erhielt nie eine Bewilligung, mehr als achtzehn Personen mitzunehmen. Das war das zweite Mal, dass ich entschied: »Gut, dann machen wir es ohne Bewilligung.« In Bern gibt es Leute, die mich deswegen bis heute kritisieren. Die finden, ich hätte mir Freiheiten herausgenommen, die mir nicht zustanden. Doch so konnten wir unzählige Verwundete nach Tirana ins Spital fliegen. Wir haben, im Namen der Schweiz, Hunderte von Menschenleben gerettet. Das ist das Einzige, was zählt am Schluss.

Es geht mir nicht darum, die Verwaltung lächerlich zu machen. Ich möchte nur zeigen, was man konstruktiv besser machen könnte. »Savoir jusqu'où on peut aller trop loin.« Wenn man diesen Satz intelligent einsetzt, kann man viele Aufträge erfüllen, die man vielleicht nie hätte erfüllen können, wenn man alles strikt nach Reglement gemacht hätte.

In der Schweiz werden wir ja dazu erzogen, nie zu weit zu gehen. Man denkt: Das bringt nur Schwierigkeiten! Doch ich wünsche mir, dass junge Menschen, die Verantwortung tragen, stets den Mut haben, sich zu fragen: Wie weit kann ich zu weit gehen, ohne zu weit zu gehen?

Christophe Keckeis, geboren 1945, studierte zunächst Politologie. 1968 wurde er Berufsmilitärpilot. In seiner Dienstzeit absolvierte er mehr als 5000 Flugstunden. In der Armee durchlief er sämtliche Hierarchiestufen. 2002 ernannte ihn der Bundesrat zum Generalstabschef, von 2004 bis zu seinem altersbedingten Ausscheiden 2007 war er Chef der Schweizer Armee. In dieser Funktion war er verantwortlich für die »Armeereform XXI«. Keckeis ist verheiratet, Vater von drei Kindern und wohnt in Trey VD.

Ellen Ringier

»All life is about, is to give other people a chance.«

Mein Grossvater mütterlicherseits war Bankier und der Inbegriff eines Gentleman. Er lebte in London – »well-established« – in einer wunderschönen, eleganten Stadtwohnung, besass dazu ein Country-House und vergnügte sich am Wochenende bei Fuchsjagden oder spielte Golf. Meine Grossmutter war eine ausnehmend schöne Frau, die nur massgeschneiderte Kleider trug und viel auf die perfekte Contenance gab. Als Kind empfand ich die beiden als sehr streng und »demanding«, fordernd. Bei Tisch durfte nicht einfach so drauflosgeredet werden. »Kindly ask permission«, lautete das Gebot. Dennoch hat mich mein Grossvater sehr geprägt. Je älter ich wurde, umso bewusster nahm ich wahr, dass er den allergrössten Teil seines Vermögens dazu verwendete, um medizinische Forschungsprojekte im Bereich der Onkologie oder Augenheilkunde und vieles mehr, von dem nicht einmal meine Mutter weiss, zu unterstützen. Sein Lebensmotto lautete: »All life is about, is to give other people a chance – Im Leben geht es darum, anderen eine Chance zu geben.« Als jüdischer Überlebender des Holocaust empfand er grosse Dankbarkeit, aus der bei ihm eine Verpflichtung, anderen Menschen zu helfen, entstanden war. Gleichzeitig war es ihm ein grosses Anliegen, seinen drei Enkelkindern, darunter auch mir, gerade so viel Geld zu vererben, dass wir ein – insbesondere von Ehemännern – unabhängiges Leben führen könnten.

Dieses Erbe ist für mich tatsächlich sinnstiftend geworden und hat mir zusammen mit der Tatsache, dass mein Mann mehr als genug für unsere Familie verdient, erlaubt, mit knapp vierzig Jahren meinen Beruf als Juristin aufzugeben und mich all jenen Projekten zu widmen, die meinen wirklichen Neigungen und Interessen entsprechen. Dazu zählen mein Engagement im Vorstand der Gesellschaften Minderheiten in der Schweiz oder im Stiftungsrat der von Sigi Feigel gegründeten Stiftung gegen Rassismus und Antisemitismus, in der Schweizerischen Pfadistiftung und so vieles mehr. Dazu präsidiere ich die Ringier-Sozialstiftung Humanitas, dank der wir einzelnen Menschen dabei helfen können, beispielsweise die Miete oder die Krankenkassenprämien zu zahlen oder eine längst fällige Zahnarztbehandlung vorzunehmen. Aktuell am meisten beschäftigt mich mein Job als Präsidentin der Stiftung Elternsein, die unter anderem auch für die Herausgabe des Magazins »Fritz + Fränzi« verantwortlich zeichnet.

Bei all diesen Aktivitäten steht mir stets das Lebensmotto meines Grossvaters vor Augen: »All life is about, is to give other people a chance.« Ich selber stehe auf der Sonnenseite des Lebens, bin wohlbehütet aufgewachsen und musste materiell nie auf irgendetwas verzichten. Ich habe viele Chancen erhalten. Dafür bin ich sehr dankbar, und ähnlich wie bei meinem Grossvater ist daraus auch bei mir das Bedürfnis entstanden, der Gesellschaft und jenen Menschen, denen es nicht so gut geht, so viel, wie es mir möglich ist, zukommen zu lassen. Es macht mich stolz, wenn mich eine junge Frau, die dank der Unterstützung von meinem Mann und mir ihre Dissertation mit fünfunddreissig Jahren doch noch beenden konnte, zu ihrer Doktorfeier nach Wien einlädt. In einem solchen Moment bin ich viel glücklicher, als wenn ich mich mit Schmuck behängen oder mit teurer Kunst eindecken würde.

Ellen Ringier wurde 1951 in Luzern geboren. Die promovierte Juristin, die auch etliche Jahre in Hamburg und Köln lebte, widmet sich seit knapp zwanzig Jahren zahlreichen Benefiz-Mandaten aus den Bereichen Kultur, Gesellschaftspolitik und Soziales. Sie ist mit dem Verleger Michael Ringier verheiratet, Mutter einer fünfzehn- und einer siebzehnjährigen Tochter und lebt mit ihrer Familie in Küsnacht ZH.

Martin Suter

»Man kann nichts verpassen im Leben.«

Der Satz, der mein Lebensmotto am besten zum Ausdruck bringt, lautet: »Man kann nichts verpassen im Leben.« Ein bisschen kompliziert, nicht? Da brauchts wohl einige Erklärungen dazu.

Es geschehen auf der Welt so viele Dinge gleichzeitig, dass die Frage, ob man jetzt eine Sache oder zwei in Angriff nimmt, so völlig irrelevant, ja mathematisch gesehen von so verschwindend geringer Bedeutung ist angesichts aller nicht realisierter Möglichkeiten, dass man letztlich überhaupt nichts verpassen kann. Paradox? Aber so ist es, Hauptsache, man macht die eine Sache, für die man sich entschieden hat, wirklich richtig.

Konkreter: Ob ich jetzt an diesem Abend eine Party besuche und es vielleicht sogar schaffe, noch auf eine zweite oder gar dritte zu gehen, fällt überhaupt nicht ins Gewicht angesichts der Milliarden Partys, die ich gleichzeitig dennoch verpasse. Da tue ich doch gut daran, die eine Party zu geniessen, an der ich gerade bin, und alle anderen zu vergessen. Das ist eine Einsicht, die, so empfinde ich das jedenfalls, schrecklich beruhigt.

Mit zwanzig wird man ja ständig getrieben von Gedanken wie: Eigentlich wäre dies das attraktivere Studium, das die heissere Party oder jene die schönere Frau. Nur: Auch wenn ich das Studium oder die Party oder die Frau wechsle, werde ich schon im nächsten Moment wieder eingeholt von dem Gedanken an all die Studiengänge, Partys und Liebesbeziehungen, die ohne mich stattfinden.

Klar, könnte man daraus schliessen, dass man ununterbrochen alles verpasst im Leben. Das aber stimmt nicht. Man hat ja die Chance, sich auf eine Sache zu konzentrieren, und kann sich damit trösten – einen solchen Trost braucht man vielleicht als junger Mensch –, dass es völlig unwichtig ist, ob man jetzt noch eine zweite Sache macht. Schliesslich ereignet sich gleichzeitig noch unzählig anderes, woran man naturgemäss auch nicht teilhaben kann.

Wann ich zu der Einsicht gekommen bin? Zum Glück relativ früh. Ich würde mal schätzen, zwischen dreissig und fünfunddreissig. »Man kann nichts verpassen im Leben« ist im Grunde genommen ein Plädoyer für das Leben, das man führt, ein Ja zu dem, wofür man sich entschieden hat. Es ist aber auch ein Plädoyer gegen das ewige Unentschiedensein, gegen dieses ständige Gefühl, es laufe wieder alles ohne einen. Kennen Sie nicht die Situation an Stehpartys, bei denen man dauernd zerstreut an seinem Gesprächspartner vorbeischaut, um zu überprüfen, ob es nicht möglicherweise noch jemand Interessanteren im Raum gäbe, mit dem man viel lieber reden würde? Am Schluss haben Sie kein Wort von dem mitbekommen, was Ihr Gegenüber Ihnen erzählt hat, und das, obwohl es vielleicht hundertmal interessanter war als all das, was Sie von irgendwelchen VIPs zu erwarten gehabt hätten. Ärgerlich, nicht wahr? Aber so ist es: Wer sich ganz der Logik verschreibt, das wahre Leben finde immer woanders statt, ist am Ende unterernährt und fühlt sich nie gesättigt.

Martin Suter wurde 1948 in Zürich geboren. Bis 1991 arbeitete er auch als Werbetexter und Creative Director, bis er sich ganz für das Schreiben entschied. Einem breiten hiesigen Publikum war er zunächst als Verfasser der Kolumne »Business Class« (»Weltwoche« beziehungsweise »Das Magazin«) bekannt. 1997 veröffentlichte er seinen Roman »Small World«, der auch international zu einem grossen Erfolg wurde. Seither publiziert er regelmässig Romane, zuletzt den Bestseller »Der letzte Weynfeldt«. Martin Suter lebt mit seiner Frau und seinen Zwillingen in Spanien und Guatemala.

Peter Sauber

»Kein Leben ohne Risiko – ohne Risiko kein Leben.«

Ich hatte Jo Siffert nicht gut gekannt. Obwohl wir beide im Rennsport engagiert waren, hatten sich unsere Wege nur zweimal gekreuzt, bevor Jo Siffert am 24. Oktober 1971 in einem Formel-1-Rennen in Brands Hatch ums Leben kam.

Die Beerdigung fand in seiner Heimatstadt Fribourg statt. Ich kann mich nicht mehr an alle Details erinnern, aber einen Satz aus der Abdankung des Priesters habe ich nicht vergessen: »Kein Leben ohne Risiko – ohne Risiko kein Leben.«

Dieser Satz kam nicht von einem Rennsportverrückten, sondern von einem katholischen Priester. Natürlich hatte er ihn damals in erster Linie auf Jo Siffert, sein Leben und seinen Tod als Rennfahrer bezogen, genauso, wie ich das selber getan hatte.

Erst einige Zeit später habe ich realisiert, dass dieser Satz sehr viel mehr bedeutet. Er hat mich in meinem ganzen Leben begleitet. Natürlich bei meiner Tätigkeit als Rennwagen-Konstrukteur, denn schliesslich birgt dieser Sport immer ein gewisses Risiko. Aber vor allem bekam dieser Satz bei meinen Aufgaben und meiner Verantwortung als Unternehmer eine grosse und dauerhafte Bedeutung.

In all den Jahren gab es immer wieder Situationen, in denen ich unternehmerische Risiken eingehen musste. Denn was wir taten, ging eigentlich nicht. Wir bauten Rennwagen in der Schweiz. Das war, vor allem in den frühen Jahren, ein unternehmerischer Drahtseilakt. Mehr als einmal standen wir vor dem Aus. Ich hatte jeweils die Wahl, entweder etwas zu riskieren oder das Geschäft aufzugeben. Kalkulierte Risiken einzugehen, wurde im Grunde zu einer Überlebensstrategie. Denn ohne die Bereitschaft, immer wieder Risiken zu akzeptieren, würden dieses Unternehmen und die über 400 Arbeitsplätze in Hinwil heute mit Sicherheit nicht mehr existieren.

Die wahrscheinlich wichtigste Entscheidung hatte ich über die Festtage des Jahres 1991 zu treffen. Gemeinsam mit unserem damaligen Partner Mercedes hatten wir im Jahr davor beschlossen, in die Formel 1 einzusteigen. Ich plante daraufhin den Bau einer neuen Fabrik und stockte den Personalbestand auf. Doch dann kam die Hiobsbotschaft aus Stuttgart: Der Daimler-Vorstand hatte entschieden, diesen Schritt nun doch nicht zu machen.

Mercedes liess mir damals die Wahl zwischen Selberweitermachen und Aufhören, verbunden mit einer grosszügigen Abfindung für mich und die Angestellten. Weil ich eigentlich ein konservativer Mensch bin, tendierte ich vorerst zur zweiten Alternative, denn das Risiko, allein in die Formel 1 einzusteigen, erschien mir viel zu gross.

In dieser Zeit habe ich auch mit einigen wichtigen Mitarbeitern gesprochen, und ich spürte, dass der Wille da war, dieses Abenteuer zu wagen. Eigentlich war das ein wenig verrückt, aber dennoch habe ich mich dazu entschieden, diesen Schritt zu machen. Die Fortsetzung der Geschichte ist bekannt.

Auch wenn heute der eine oder andere überzeugt ist, es sei nun wirklich genug und die Welt brauche keinen Fortschritt mehr, so bin ich sicher, dass diese Einstellung nicht nur falsch, sondern auch gegen unsere Natur ist.

Warum haben Menschen vor über fünfzig Jahren den Mount Everest bestiegen? Warum haben sie die Pole erforscht? Warum sind sie mit Holzschiffen um die Weltmeere gesegelt und haben dabei ihr Leben aufs Spiel gesetzt? Die Liste liesse sich beliebig verlängern. Alle diese Menschen sind unglaubliche Risiken eingegangen, weil sie die Sehnsucht hatten, Grenzen zu erforschen. Das ist ein Urinstinkt der Menschen und deshalb Bestandteil unseres Lebens. Wer diesen Drang unterdrückt, beraubt die Menschen eines Teils ihrer Freiheit.

Natürlich brauchen wir Regeln auf einem Planeten, auf dem die Lebensräume immer enger werden. Aber wir benötigen genauso die Freiheit, Grenzen auszuloten und Risiken einzugehen. Auch im Interesse der Menschen.

Peter Sauber wurde 1943 in Zürich geboren. 1967 fuhr er sein erstes Rennen mit einem VW-Käfer. 1970 gründete er die PP Sauber AG in Hinwil. Im selben Jahr wurde er mit dem C1 Schweizer Sportwagenmeister und beendete die Pilotenkarriere. 1989 und 1990 gewann Sauber Mercedes die Sportwagen-WM und wurde 1989 Doppelsieger in Le Mans. 1993 folgte der Einstieg in die Formel 1. Bis zum Verkauf der Mehrheitsanteile an BMW Ende 2005 wurden 195 WM-Punkte, sechs Podestplätze und 2001 der vierte Platz in der Konstrukteurswertung erzielt.

Alberto Godenzi

»Bleib erschütterbar und widersteh!«

Mitte der Achtzigerjahre habe ich den beruflichen Weg gefunden, der mir entspricht. Nachdem ich mein Studium 1983 mit einer Lizenziatsarbeit zum Thema Vorurteile gegenüber Frauen abgeschlossen hatte, war mir klar, dass Gender- und Gewaltforschung genau das war, was mich interessierte. Ich verschlang feministische Literatur, forschte ab 1985 über Hintergründe und Folgen sexueller Gewalt und publizierte 1989 mein Buch »Bieder, brutal«. In jener Zeit muss ich auch auf den Satz »Bleib erschütterbar und widersteh!« gestossen sein. Ich hätte damals einiges darauf gewettet, dass diese Worte von einer Frau, beispielsweise Maxie Wander, der verstorbenen Schriftstellerin aus der ehemaligen DDR, oder Christina Thürmer-Rohr, der deutschen Soziologin, stammen. Inzwischen weiss ich, Internet sei Dank, dass sie ein mir unbekannter Schriftsteller namens Peter Rühmkorf 1987 in seinem Gedichtband »Selbstredend und selbstreimend« formuliert hat. Seine Worte berührten mich unmittelbar und sind Leitplanken in meinem Leben geblieben.

Als Gender- und Gewaltforscher, der sein Feld aus einem kritisch-feministischen Blickwinkel betrachtete, musste ich mich natürlich auch fragen: Und wo bin ich gewalttätig? Oder: Wo nütze ich die Privilegien meines Geschlechts aus, um mich gegenüber Frauen im beruflichen Konkurrenzkampf durchzusetzen? Es wäre widersprüchlich gewesen, wenn meine Forschungstätigkeit nicht auch mich selber erschüttert hätte. Erschüttert haben mich aber auch die intensiven Reaktionen auf meine Arbeit. Ich wurde gelobt, aber auch beschimpft, und am Rande eines Kongresses in Deutschland, auf dem ich mich kritisch zur Männerbewegung geäussert hatte, baute sich ein Referent vor mir auf und schrie mich an, am liebsten würde er mir die Faust ins Gesicht schlagen.

In solchen Momenten hatte ich schon Zweifel an meiner Tätigkeit. Auch Kollegen rieten mir, etwas anderes, weniger Brisantes zu erforschen. Mich aber hat die Thematik sehr angesprochen, und dazu gehörte, der Versuchung zu widerstehen, einfache Lösungen für komplexe Fragen zu suchen, mit dem Mainstream zu schwimmen oder fatalistisch und zynisch zu werden. »Bleib erschütterbar und widersteh!« bedeutet auch: Bleib durchlässig und offen für neue Lernerfahrungen! Leg dir kein dickes Fell zu, sondern lass dich ein Leben lang von den verschiedensten Einflüssen berühren – und ebenso: Leiste Widerstand gegen Gewalt und Unterdrückung!

In meiner heutigen Tätigkeit als Dekan am Boston College bieten wir ein Programm an, in dessen Rahmen Studierende humanitäre Hilfe leisten, viele in Ländern südlich der Sahara, wo die Armut am grössten ist. Diesen jungen Leuten versuche ich die Haltung des »Bleib erschütterbar und widersteh!« mit auf den Weg zu geben, indem ich ihnen sage: »Lasst euch vom

Lebenswillen der lokalen Bevölkerung beeindrucken und transformiert das Erschrecken über die unbeschreibliche materielle Armut in Widerstand gegen die Ungerechtigkeit!«

Alberto Godenzi wurde 1952 in Basel geboren. Nach einigen Jahren als Primarlehrer in Basel und Entwicklungsexperte in Ecuador habilitierte er in Sozialpsychologie an der Universität Zürich. Sein Schwerpunkt lag in der Geschlechter- und Gewaltforschung. Er publizierte zahlreiche wissenschaftliche Artikel und Bücher, darunter »Bieder, brutal« und »Gewalt im sozialen Nahraum«. In den Neunzigerjahren war er Ordinarius an der Universität Fribourg, und seit 2001 wirkt er als Dekan am Boston College. Godenzi ist verheiratet, hat eine Tochter und lebt mit seiner Familie in Massachusetts, USA.

Fredi M. Murer

»Seltenheit kommt vor Sicherheit.«

Mein Lebensmotto lautet: »Seltenheit kommt vor Sicherheit.« Um den subversiven Charme dieses kurzen, verwegenen Satzes in seiner ganzen Tiefe zu erfassen, muss man ihn nur umkehren: »Sicherheit kommt vor Seltenheit.« Ohne Zweifel kommt diese verkehrte Lesart den allermeisten meiner Landsleute sehr viel vertrauter vor. Schliesslich ist hierzulande jede und jeder x-fach gegen oder für alles versichert, wie Sie wollen, sogar per Gesetz. Allein schon diese Tatsache lässt die Exklusivität meiner Maxime als noch seltener erscheinen.

Einer verschwindenden Minderheit anzugehören, empfinde ich an und für sich schon als Privileg. Aber um diese kleine Freiheit musste ich schon im zarten Bubenalter hartnäckig kämpfen. Denn wie alle guten Eltern neigten auch meine dazu, ihren Kindern ultimativ zu raten, sichere Berufe zu ergreifen und nicht seltene. Darum wollte wohl mein Vater unbedingt einen Juristen aus mir machen; brotlose Künstler, sagte er, gebe es schon genug. Aber ich habe ihm einen Strich durch die Rechnung gemacht. Bei Nacht und Nebel bin ich aus dem Internat abgehauen, in das er mich sicherheitshalber gesteckt hatte, und habe mich nach Zürich durchgeschlagen und klammheimlich die Aufnahmeprüfung an die Kunstgewerbeschule absolviert – und bestanden.

Also lange bevor ich mein Lebensmotto entdeckte hatte, entschied ich mich schon gegen ein sicheres Unistudium und für eine seltene Ausbildung, nämlich die eines wissenschaftlichen Zeichners. Zwei Jahre später, als ich unverhofft das Medium meines Lebens entdeckte, den Film, wechselte ich, mangels Filmschule, in die Fachklasse für Fotografie an derselben Schule. Sicher hätte die Fotografie aufgrund meiner vielen und guten Aufträge für mich zu einem goldenen Boden werden können. Aber ich entschied mich abermals für die Seltenheit statt für die Sicherheit, indem ich beschloss, Filmemacher zu werden und von meiner Filmkunst zu leben.

Spiegelverkehrt zu denken und unkonform zu handeln, war mir schon halbwegs in Fleisch und Blut übergegangen, als ich zum dreiunddreissigsten Geburtstag eine Video-Box mit den gesammelten Filmaufzeichnungen der Stücke, Sketches und Couplets des genialischen Komikers und Wortakrobaten Karl Valentin geschenkt bekam. In einem seiner aberwitzigen Dialoge lässt Valentin fast beiläufig eben jenen dadaistisch anmutenden Satz fallen, der augenblicklich zu meinem Lebensmotto werden sollte beziehungsweise es eben schon lange war.

Dieser Sketch geht, kurz, so: Valentin verkauft seiner Bühnenpartnerin ein Haus, weit draussen im dunklen Wald, ohne Zufahrtstrasse, Wasser, Strom und WC. Obwohl ihr Interesse für dieses Objekt im Quadrat abnimmt, will sie abschliessend doch noch wissen, ob denn dieses Haus wenigstens versichert sei. »Ja freilich«, antwortet Valentin, »aber nur gegen Meteore!« Auf ihren Einspruch, dass es doch höchst selten sei, dass ein Meteor überhaupt auf die Erde falle, und wenn, dann mit Sicherheit nicht ausgerechnet auf dieses Haus, sagt Valentin: »Ja sehen Sie, gnädige Frau, da kommt eben die Seltenheit vor der Sicherheit.«

Dieser Satz hat mich angesprungen wie eine Katze. Und seither ist er mein verlässlichster Ratgeber in allen erdenklichen Lebenslagen und Alltagssituationen. Angefangen bei der Wahl der Blumen für meine selten schöne Lebenspartnerin, bis zu den Themen und Stoffen meiner viel zu seltenen Filme. Diesem Credo bin ich ziemlich treu geblieben, bis heute. Auch mein jüngster Film, über diesen genialen, jugendlichen Pianisten und Broker, »Vitus«, steht ganz in der Tradition meiner Maxime: »Seltenheit kommt vor Sicherheit.«

Bekanntlich macht ein Lebensmotto ja nur so lange einen Sinn, als man lebt. Und da dies, mit einiger Wahrscheinlichkeit, auch bei mir eines Tages nicht mehr der Fall sein wird, bestehe ich darauf, dass auf meinem Grabstein geschrieben steht: »Sicherheit kommt vor Seltenheit«.

Fredi M. Murer wurde 1940 in Beckenried NW geboren. Seine Jugend- und Schulzeit verbrachte er in Uri. Mit achtzehn übersiedelte er nach Zürich, wo er die Fotoklasse an der Kunstgewerbeschule absolvierte. Nach seiner Mitarbeit für die Expo 64 begann er, Filme zu machen. Seither wirkt und lebt Murer als unabhängiger Filmemacher und Produzent in Zürich. Für seine über zwanzig Filme erhielt er diverse nationale und internationale Preise, »Höhenfeuer« (1985) und »Vitus« (2006) liefen weltweit im Kino. 1995 erhielt er den Kunstpreis der Stadt Zürich; 1997 den Innerschweizer Kulturpreis.

Edith Hunkeler

»Wer keinen Mut zum Träumen hat,
hat keine Kraft zum Kämpfen.«

Vor ein paar Jahren ist mir eine Postkarte in die Hände gefallen, auf der der Spruch stand: »Wer keinen Mut zum Träumen hat, hat keine Kraft zum Kämpfen.« Diese Worte drückten meine Gefühle sehr genau aus. Ich bin ein Mensch, der von jeher sehr viele Träume und Wünsche hat. Ich weiss genau, was ich erreichen will. Gleichzeitig bin ich durch all das, was mir widerfahren ist, herausgefordert, nicht nur viel körperliche, sondern vor allem auch mentale Kraft, Kraft zum Kämpfen eben, zu mobilisieren. Als ich 1994 den Autounfall hatte, der mich in den Rollstuhl zwang, musste ich mein Leben von Grund auf neu ordnen. Ich musste einen Weg einschlagen, den ich ursprünglich nicht geplant hatte. Bevor ich allerdings so weit war, brauchte ich enorm viel Kraft, um mein Schicksal überhaupt annehmen zu können. Mein ursprünglicher Traum, zu heiraten und Kinder zu haben, war in weite Ferne gerückt. Der Sport trat dann an seine Stelle und hat mich nachhaltig gelehrt, wie viel Kraft man aus seinen Träumen beziehen kann. Ich hatte den Traum, eine der Besten zu werden, und weil ich an mich geglaubt habe und den Mut hatte, über meine Grenzen hinauszugehen, ist mir dies auch gelungen.

An den Weltmeisterschaften in Holland im Jahr 2006 wurde ich allerdings auf eine weitere, wirklich harte Probe gestellt. Es lief mir zunächst grossartig, ich gewann Gold über 5000, 1500 und 800 Meter und völlig überraschend auch Bronze über 200 und 400 Meter. Ich hatte das Gefühl, auf einer perfekten Welle zu reiten. Dann kam der Marathon, dem ich sehr zuversichtlich entgegensah. Und tatsächlich, ich lag auf dem letzten Kilometer in Führung, hatte nur noch zwei Konkurrentinnen im Windschatten und wusste, wenn ich jetzt anziehe, ist es nahezu unmöglich, mich einzuholen. Mein Selbstvertrauen war riesig nach all meinen Erfolgen, und so habe ich beschleunigt.

Den kleinen Schlag, den ich plötzlich wahrnahm, habe ich nicht gross beachtet; Sekunden später spürte ich allerdings einen dumpfen Aufprall im Schulter- und Nackenbereich und hatte kein Gefühl mehr in den Fingern. Hatte ich mir womöglich einen Nackenwirbel gebrochen und war noch weiter oben gelähmt, war der letzte Gedanke, bevor ich das Bewusstsein verlor.

Was war passiert? Ich war mit einem Lichtpfosten am Wegrand kollidiert und hatte mir den Oberschenkel und das Knie zertrümmert, aber Gott sei Dank keinen Wirbel verletzt. Mehrere schwere Operationen mit langen Narkosen wurden notwendig, und ich war rund zwei Monate ans Bett gefesselt.

All das kostete mich sehr viel Substanz. Am schlimmsten aber war die Prognose der Ärzte, dass ich nie wieder Sport machen könne. Ich erlebte ein Déjà-vu und fühlte mich ins Jahr 1994 zurückversetzt: Einmal mehr sagten mir die Ärzte, dass ich mein Leben komplett umkrempeln, alles Bisherige vergessen und von vorne anfangen müsse.

Doch dieses Mal habe ich anders reagiert. Ich war einfach noch nicht bereit, den Sport aufzugeben und mich etwas Neuem zuzuwenden. Denn – und das war ganz wichtig – ich hatte einen Traum: Ich wollte unbedingt an den Paralympics in Peking 2008 eine weitere Olympia-Medaille gewinnen. Dieser Traum hat mich beflügelt und mir Kraft zum Kämpfen gegeben. Die Aufbauarbeit war lang und schmerzhaft. Aber ich hatte das Glück, dass mich meine Familie, mein Partner und meine Freunde unheimlich unterstützt haben. Sie haben mir immer dann eine Hand entgegengestreckt, wenn ich sie brauchte, und mich wieder losgelassen, als ich meinen Weg allein bewältigen konnte. So ist es Schritt für Schritt aufwärtsgegangen. Heute bin ich körperlich wieder ganz fit und glaube fest an meine Chance. Trotzdem hat diese Erfahrung tiefe Spuren in mir hinterlassen. Sie hat mich reifer werden lassen und, was wunderschön ist, mein Bewusstein dafür geweckt, welch grosses Geschenk es ist, dass ich Sport treiben darf.

Edith Hunkeler wurde 1972 geboren und wuchs mit ihren drei Geschwistern auf dem elterlichen Bauernhof in Altishofen LU auf. Sie absolvierte eine kaufmännische Lehre. Am 22. Februar 1994 nahm ihr Leben eine folgenschwere Wende: Sie hatte auf dem Weg zur Arbeit einen Autounfall und ist seither Paraplegikerin. Während eines Sprachaufenthalts in Florida im Jahr 1996 entdeckte sie die Freude am Sport. Edith Hunkeler ist die erfolgreichste Behindertensportlerin der Schweiz. Vier Weltmeister- und dreizehn Europameistertitel, dazu zwei Silbermedaillen, errungen an den Paralympics in Athen 2004, zählen zu ihren grössten Erfolgen.

Tito Tettamanti

»L'inconcevable et l'imprévisible.«

Ich lese viel, am liebsten »livres à réflections«, Essays, weniger Romane und andere Belletristik. Ganz besonders schätze ich Edgar Morin, den grossen französischen Philosophen und Intellektuellen. Der über achtzigjährige ehemalige Kommunist wird heute noch wiederholt auch von Präsident Sarkozy um Rat gebeten. Der gute Morin hat in einem seiner zahlreichen Werke, ich kann mich leider nicht mehr erinnern, in welchem, zwei wunderschöne Worte geprägt, die für mich und mein Leben von jeher eine grosse Bedeutung haben: »L'inconcevable et l'imprévisible.« Auf Deutsch: »Das Unvorstellbare und das Unvorhersehbare.«

Was will ich damit sagen? Nun, wir Menschen können einfach nicht alles voraussehen, ja uns zum Teil nicht einmal vorstellen, dass das oder jenes geschieht. Es passiert aber im Leben, auch in der Geschäftswelt, immer wieder etwas, woran wir nicht gedacht haben.

Nehmen Sie die aktuelle Finanzkrise, die unter anderem auch Grossbanken wie die UBS schwer getroffen hat. Da sind doch arrogante Technokraten wie selbstverständlich davon ausgegangen, dass ihnen ihre Computersimulationen und mathematischen Modelle die ganze Welt erklären könnten. Sie waren sich überaus sicher, dass ihre Idee, die Menge der Kreditgeber über die Banken hinaus zu erweitern und die Banken in diesen Finanzspielen zu Vermittlern zu machen, das Gelbe vom Ei sei. Der Gedanke, auf diese Art die finanziellen Mittel, die auf der Welt existieren, ganz neu und einmalig zu mobilisieren, wäre und war und ist immer noch hochinteressant, hochfortschrittlich und hochprofitabel. Nur haben die Beteiligten vernachlässigt, dass sich ihre dank modernster »information technology« gewonnenen Erkenntnisse erst noch im Alltag bewähren müssen. Sie haben sich schlicht nicht vorstellen können, denken Sie an Morins »l'inconcevable«, dass sie scheitern könnten. Wer eine Krise dieses Ausmasses vor einem Jahr prognostiziert hätte, wäre ausgelacht worden. Dabei ist ja »trial and error«, Versuch und Irrtum, ein Prinzip, das die Menschheit von jeher auf ihrem Weg zum Fortschritt begleitet.

Mich persönlich haben Morins Worte zweierlei gelehrt. Erstens: Man darf sich nie in der falschen Sicherheit wiegen, dass sich die Dinge im Leben so entwickeln, wie man sich das wünscht, auch wenn man es noch so genau berechnet hat. Zweitens: Leben und Fortschritt ohne Risiko gibt es nicht. Das ist natürlich eine Aussage, die überhaupt nicht der heutigen Kaskomentalität entspricht. Bei uns wollen ja alle am liebsten gegen alles versichert sein. Aber damit bremsen Sie die Entwicklung. Ich selber bin im Grunde ein rationaler, vorsichtiger Mensch. Nicht dass ich Risiken scheuen würde. Aber eingedenk des Morin'schen »Unvorstellbaren und Unvorhersehbaren« versuche ich, so paradox es klingt, mir alle möglichen und unmöglichen Entwicklungen von vornherein auszumalen. Wenn man das intelligent anpackt, bremst einen diese Haltung überhaupt nicht, aber sie vermittelt eine gewisse Bescheidenheit.

Tito Tettamanti wurde 1930 in Lugano geboren. Er promovierte 1953 zum Doktor der Rechtswissenschaften, ab 1955 wirkte er als Anwalt. In den Fünfzigerjahren engagierte er sich auch in der Politik und wurde Regierungsrat für das Justiz- und Polizeiwesen im Kanton Tessin. Er ist der Gründer der Fidinam Treuhandgesellschaft. Ende der Achtzigerjahre übernahm Tettamanti die Kontrolle über Saurer AG, eine der weltweit führenden Firmen in der Herstellung von Spinnmaschinen, und war bis 2000 deren Ehrenpräsident. Seit 1995 tätigt er Investitionen im Infrastruktur- und Immobilienbereich in China und ist durch die Sterling Strategic Value Limited als Activist Investor in den europäischen Finanzmärkten präsent. Tito Tettamanti ist verheiratet und hat drei Töchter.

Adolf Ogi

»Believe in what you do. Do what you believe in.«

Ich weiss gar nicht mehr, wann ich diesen Satz aufgeschnappt habe. Es muss zu einer Zeit gewesen sein, als im Bundesrat besonders wichtige Entscheidungen anstanden. Ich vermute, dass ich ihn einmal unter Rotariern gehört habe.

Die Journalisten haben mich deshalb oft ein wenig belächelt – aber ich bin und bleibe ein unverbesserlicher Optimist, ich glaube an das Gute im Menschen. Und ich bin eigentlich fast nie enttäuscht worden.

»Glaube an das, was du tust. Tue das, woran du glaubst.« Dieser Satz entspricht meinem inneren Gefühlsweg. Die Freude, die Begeisterung, ist etwas, das mich seit der Kindheit geprägt hat. In diesem einfachen Dorf Kandersteg, mit diesen einfachen, aber goldigen Eltern. Das Vorbild des Vaters, der nie müde wurde. Der als Bergführer siebzig Mal die Blüemlisalp besteigen musste, um mir die Ecole Supérieure de Commerce in La Neuveville bezahlen zu können. Ihm war nie etwas zu viel. Alles war machbar. Wenn Kandersteg von Überschwemmungen oder Lauenen betroffen war, sorgte er für die nötigen baulichen Massnahmen. Als Knabe habe ich mit ihm Hunderte von Rüttenen, also Jungtannen, gesetzt, um das Dorf vor Lawinen zu schützen.

Im Bundesrat wurde ich vielleicht ein wenig realistischer, auch etwas vorsichtiger. Aber die Begeisterung ist geblieben. »Do what you believe in!« Mach es! Glaube an das, was du tust!

Zum Beispiel die Neat. Die Neat – das sind nicht einfach zwei Tunnel. Das ist ein Hightech-Werk. Ich erinnere mich noch, als ob es gestern gewesen wäre. Ich hatte die Schweizerkarte vor mir und zog den ersten Strich – durch den Gotthard. Das war unausweichlich. Gotthard, der Mythos, die Verbindung zwischen der Wirtschaftsmetropole Zürich und dem Tessin, Italien. Dann nahm ich den Stift in die Hand und zog den zweiten Strich. Auch mit der Überlegung, die man eigentlich nie zur Kenntnis nehmen wollte, dass man nämlich ein Referendum ohne die Westschweiz nie hätte gewinnen können. Als ich mich für den Lötschberg entschieden hatte, gab es kein Zurück mehr, keine Zweifel, sondern vorwärts!

Die Neat musste durch den Bundesrat, den Nationalrat, den Ständerat, und schliesslich musste auch die Volksabstimmung gewonnen werden. Da konnte man nicht mit angezogener Handbremse antreten. Im Bundesrat war es immer knapp. Es war ein ganz schwieriger Kampf. In einer solchen Situation wird man immer wieder in Zweifel gezogen. Da sind Schwächen nicht zugelassen.

Ich glaube, das ist eine meiner Stärken: Ich führe gerne, ich entscheide gerne. Vielleicht habe ich manchmal etwas zu früh entschieden. Aber ich sagte immer: Lieber einmal zu schnell entscheiden als gar nicht entscheiden. Das gab mir die Zuversicht und die Gelassenheit, die man in einer solchen Auseinandersetzung braucht.

»Believe in what you do. Do what you believe in.« Dieser Satz bekam auch während meiner Arbeit als Sonderberater des Uno-Generalsekretärs für Sport eine starke Bedeutung. Wenn man die ärmsten Länder Afrikas besucht, Liberia, Ruanda, da fragt man sich manchmal schon, ob diese Arbeit überhaupt etwas bewirkt. Ich musste mich manchmal überwinden, den Koffer auf dem Estrich zu holen und zu packen. Das waren ja keine Expeditionen ins Schlaraffenland, sondern in Länder, wo grosse Armut herrscht, Chaos, wo auch gewisse Gefahren bestanden. Wenn ich Zweifel hatte, verlieh mir dieser Satz die nötige Kraft, weiterzumachen. Ohne Wenn und Aber.

Nachdem ich Ende 2007 meine Arbeit für die Uno beendet hatte, wurden verschiedene lukrative Tätigkeiten an mich herangetragen. Doch jetzt engagiere ich mich für »Right To Play«, eine weltweite Initiative, die es Kindern aus armen Ländern ermöglichen will, an Sport- und Freizeitaktivitäten teilzunehmen. Das zeigt, dass mich dieser Satz bis heute leitet: »Tue das, woran du glaubst. Und glaube an das, was du tust.«

Adolf Ogi wurde 1942 in Kandersteg BE geboren. Der gelernte Kaufmann stieg 1964 beim Schweizerischen Skiverband ein und führte ihn zu grossen Erfolgen. 1981 wechselte er als Generaldirektor zu Intersport. 1979 wurde er Nationalrat, 1984 SVP-Präsident. Von 1988 bis 2000 war Adolf Ogi Bundesrat, 1993 und 2000 Bundespräsident. Nach seinem Rücktritt arbeitete er bis 2007 als Sonderberater des Uno-Generalsekretärs für Sport im Dienst von Entwicklung und Frieden. Ogi ist verheiratet und hat zwei Kinder.

Barbara Frey

Ich habe Tausende von Sätzen im Kopf. Manche haben sich eingenistet, sind nicht mehr löschbar, andere gleiten kurz vorüber, wieder andere terrorisieren mich – oder trösten. »Sind hierorts Häuser grün, tret ich noch in ein Haus« – der grandiose Eröffnungssatz von Ingeborg Bachmanns Gedicht »Böhmen liegt am Meer«. Ich weiss, dass die Hoffnung grün ist, aber ich weiss nicht, ob es auch die Häuser sind, und so ist ungewiss, ob ich »hierorts« noch eine hoffnungsvolle Behausung finde.

Mein Kopf, mein Gemüt, mein Geist: eine Art babylonisches Satzgewirr.

Auf dem Theater ist es so, dass man als Zuschauer weiss: Was einmal gesagt ist, kann nicht zurückgesagt werden. Ein Satz ist in eine – bisweilen fatale – Umlaufbahn entlassen. Dort kann er sich, und das ist schön, erstaunlich und fürchterlich zugleich, über Jahrhunderte, Jahrtausende bewegen. Ich muss aushalten, dass es den Sätzen egal ist, in welcher Form sie sich in mir ergänzen – oder widersprechen.

Äusserst angenehm ist es, wenn Sätze einen über Jahre zum Lachen bringen. Walter Vogts Gedichtlein mit der pathetischen Überschrift »Die drei Lebensalter des Menschen« lautet kurz und bündig »da da / bla bla / ga ga« und ist womöglich das lapidarste und anarchistischste Poem über die Relativität unserer Sprache. Sein seltsamer Liebreiz tröstet einen und nimmt dem schicksalsschwangeren Raunen zwischen Bibel, Shakespeare und Alltagsweisheit alle Schwere. Und trotzdem suche ich beständig nach komplexeren »Weltformeln«, und mein Problem dabei wiederum ist, dass eigentlich alle grossen, wertvollen, bedeutenden Sätze schon gesagt oder geschrieben worden sind. Ich kann also nur zitieren; mithin wird mir bewusst, dass das Satzgewirr in meinem Kopf im Grunde ein Appell an die eigene Bescheidenheit ist: Streng dich nicht an, der ganz grosse Satz wird dir nicht einfallen. Und so bringt mich meine verborgene Sehnsucht nach einem eigenen gültigen Satz auf ein grundsätzliches Dilemma: Freiheit braucht Grenzen, Widerstand, vielleicht sogar Zensur. Keiner hat das besser formuliert als der Ulysses-Dichter Joyce, dem die katholische Zensurbehörde zu Leibe rücken wollte. Er sagte den schönen Satz: »Zerquetscht uns, wir sind Oliven.« Oder Borges sagte: »Zensur ist die Mutter der Metapher.« Also: Da hat man doch keine Chance! Oder eben: zu wenig Widerstand.

Aber ich bin ja auch nicht Schriftstellerin, fällt mir zu meiner Erleichterung gerade ein. Jedem seine Widerstände…

Ich bin Regisseurin, und so liegt es in der Natur der Sache, dass ich im Grunde nur eine Art »Satz-Verwandlerin« sein kann; ich setze sozusagen Literatur sinnlich in einen szenischen Ablauf um, zusammen mit meinen Schauspielern, und wir sind in diesem Prozess auf sonderbare Weise Vampire. Wir saugen Sätze aus nach ihrem Erkenntniswert, ihrer Traurigkeit, ihrem Humor, ihrer Grausamkeit, ihrer Menschlichkeit. Zur Strafe für diesen Vampirismus müssen wir mit all den Sätzen im Kopf ruhelos durch die Welt gehen, und manchmal ergeht es uns wie Kleists Alkmene in der Schlussszene des »Amphitryon«: Tausende von Sätzen schichten sich monströs aufeinander, aber die Welt hat kein einziges ihrer Rätsel preisgegeben, und es bleibt – ein »Ach!«.

Danach? Stille.

Vorhang.

Barbara Frey, geboren 1963 in Basel, ist Schlagzeugerin und Regisseurin. Sie war von 1988 bis 1992 am Theater Basel als Regieassistentin und Musikerin tätig. Seit 1992 inszeniert sie selbst. Dies erst in der freien Szene, dann am Theater Basel, am Neumarkt Zürich, am Nationaltheater Mannheim, am Schauspielhaus Hamburg, an der Berliner Schaubühne, am Bayerischen Staatsschauspiel München, an den Salzburger Festspielen, am Schauspielhaus Zürich, am Burgtheater Wien und am Deutschen Theater Berlin. Ab der Spielzeit 2009/2010 ist sie Intendantin am Schauspielhaus Zürich.

Sepp Blatter

»Was wert ist, gemacht zu werden,
ist es wert, recht gemacht zu werden.«

Als kleiner Junge fiel mir vieles ein bisschen leichter als den andern. Auch in der Schule. Ich lernte sehr schnell und musste mich weniger anstrengen. Deshalb neigte ich dazu, meine Zeit zu vertrödeln. Im Wallis gibt es dafür den Ausdruck »lüdru«. Meinem Vater gefiel das überhaupt nicht. »Lüeg, dr Seppi lüdrut«, schimpfte er dann.

Mein Vater war gelernter Velomechaniker in Lausanne. Er war nach Visp gekommen, um eine eigene kleine Bude aufzutun. Doch es war Krisenzeit, er hatte eine Familie zu ernähren und musste sich einen Job suchen. So kam er zur Lonza. Dort arbeitete er vierzig Jahre lang im blauen »Übergwand«, am Schluss war er Werkmeister.

Er weckte uns jeden Morgen um sechs Uhr, kochte uns Kaffee oder Milch und ging dann in die Fabrik. 1700 Franken Monatslohn hat er nach vierzig Jahren erhalten. Er war sehr gescheit, hatte aber eine gewisse Härte. Zeit zu vertrödeln, war ihm zuwider. Er sagte immer: »Entweder wird gearbeitet, gegessen, geschlafen, gelacht oder gespielt. Aber nichts Halbbatziges.«

Daraus entstand später der Satz: »Was wert ist, gemacht zu werden, ist es wert, recht gemacht zu werden.« Man muss ein wenig reifer werden, um zu verstehen, was alles in diesem Satz steckt. Da ist das Wort »machen« drin; das bedeutet schaffen, ausführen, gestalten. Da ist das Wort »Wert«; das heisst Geltung, Bedeutung, den eigenen Wert erkennen. Das Wort »recht« meint richtig, passend, zutreffend. Es verweist aber auch auf das Recht, auf Ordnung und Gesetz. Und da ist das Wort »Macht«. Ich habe Macht nie im Sinn von Herrschen verstanden. Macht bedeutet für mich die Kraft und die Stärke, den eigenen Willen durchzusetzen. Und zwar aus einer Position, die man sich selbst geschaffen hat – durch die eigene Arbeit, das eigene Können und das Motivieren der anderen.

Dieser Satz hat mich das ganze Leben hindurch begleitet. Zum ersten Mal wandte ich ihn im Militär an. Als Bataillonskommandant liess ich für jeden Soldaten und Offizier einen Badge mit diesem Satz herstellen. Den Badge heftete sich jeder an den Ärmel. Eine Reihe von Offizieren hat sich später bei mir bedankt: »C'était une bonne école.«

Es ist nicht immer leicht, den Anspruch durchzusetzen, der in diesem Satz steckt. Auch gegenüber mir selber nicht. Es ist ein hoher Anspruch, der auf Selbstdisziplin und Respekt gegenüber den anderen beruht.

Wie merkt man, dass etwas recht gemacht ist? Ich glaube, das hängt mit der Erfahrung und dem Wissen zusammen. Ich habe stets viel gearbeitet. Wenn der offizielle Arbeitsbeginn um acht Uhr war, sass ich immer schon um sieben Uhr im Büro, las die Zeitungen, hörte Nachrichten. Wenn man das fünfzig Jahre lang macht, erwirbt man sich ein breites Allgemeinwissen. Dazu kommt die Erfahrung. Und wenn man fest davon überzeugt ist, dass das, was man macht, richtig ist, kann man es auch durchsetzen. Natürlich, am Schluss braucht es immer noch ein bisschen Glück.

Als ich 1975 bei der FIFA zu arbeiten begann, waren wir zwölf Leute. Heute sind es rund vierhundert Angestellte weltweit. Der Führungsstil hat sich verändert. Ein Team von zwölf Leuten kann man mitreissen. Heute muss ich viel mehr delegieren. Aber meine Führungsgrundsätze sind gleich geblieben. Ich mag es bis heute nicht, wenn ich das Gefühl habe, dass ein Mitarbeiter seine Zeit vertrödelt. Wenn etwas nicht klappt, kann es schon mal »räble«.

Wenn ich selbst einmal nichts zu tun habe, löse ich Kreuzworträtsel und Sudokus, lege Patience, lese oder schaue Krimis. Ich kann nicht nichts tun. Es gibt diesen inneren Motor, der mich ständig antreibt. »Lüdru«? Nein, das ist mir längst vergangen.

Joseph (»Sepp«) Blatter wurde 1936 in Visp geboren. Mit den Fussballklubs Visp, Sierre, Neuchâtel Xamax und Salgesch spielte er in der obersten Schweizer Amateurliga. Er studierte in Lausanne Volkswirtschaften und arbeitete danach für den Walliser Verkehrsverband, den Schweizer Eishockey-Verband, den Landesverband für Sport und die Uhrenfirma Longines. 1975 wechselte er zur FIFA (Fédération Internationale de Football Association). 1981 wurde Blatter deren Generalsekretär, seit 1998 ist er FIFA-Präsident. Der Vater einer Tochter wohnt in Zürich.

Margrith Bigler-Eggenberger

»Arbeit macht frei.«

Es gibt einen Satz, dessen Doppelbödigkeit mich immer fasziniert und gleichzeitig erschreckt hat: »Arbeit macht frei.« Das ist an sich ein schöner Satz, der für die Frauengeneration, der ich angehöre, von zentraler Bedeutung war, schliesslich war eine gute Ausbildung oder gar die Ausübung eines angesehenen Berufs noch keineswegs üblich, geschweige denn selbstverständlich. Doch genau dieser Satz stand auch gross über dem Eingangstor von Auschwitz, einem der grössten Vernichtungslager der Geschichte. Als ich dies das erste Mal vernahm, hat mir das einen gewaltigen Schock versetzt, und zwar aus sehr persönlichen Gründen. Meine Schwiegereltern sind nämlich in Auschwitz umgebracht worden, und ich habe hautnah mitbekommen, wie sehr mein Mann unter dem schrecklichen Verlust seiner Eltern bis ans Ende seines Lebens gelitten hat. Erst durch ihn ist mir auch bewusst geworden, welche Verlogenheit in diesem kleinen Satz eben auch stecken kann.

Wurde doch den Menschen, die man nach Auschwitz deportierte, weisgemacht, sie kämen an einen Ort, an dem sie arbeiten und dank Arbeit frei werden würden. Doch wer in Auschwitz landete, hat alles andere als Freiheit gewonnen, er erfuhr die unmenschlichste Abhängigkeit und Grausamkeit, die in der Vernichtung im Gasofen endete.

Für mich als junge Frau war diese Aussage »Arbeit macht frei« noch ein ganz grosses, eigentlich verheissungsvolles Versprechen. Nur dank meinen Eltern und ihrer Offenheit und ihrem Einsatz war es überhaupt möglich geworden, dass ich 1953 die Matura ablegen und anschliessend Jura studieren konnte. Als ich dann Rechtsanwältin werden wollte, stiess ich allerdings an all die Grenzen, die den Frauen, vor allem den verheirateten, damals noch gesetzt waren. Es war schwierig, einen Praktikumsplatz zu erhalten, dazu noch in einem »fremden« Kanton, dem Kanton Bern, der nicht gerade auf eine St. Galler Juristin mit Zürcher Doktorat gewartet hatte. Dank meinem Mann, den ich nach meinem Doktorat geheiratet hatte und der damals neben seiner Unterrichtstätigkeit Laienrichter am Amtsgericht Erlach war, konnte ich schliesslich mein für das Anwaltsexamen unerlässliche Praktikum absolvieren und hatte später Gelegenheit, am Richteramt Biel, am Obergericht Solothurn und auf einer Anwaltskanzlei zu arbeiten.

Es gab mir ein gutes Gefühl, dank meiner Arbeit etwas Sinnvolles zu leisten und erst noch über ein wenig eigenes Geld zu verfügen. Gemäss dem damaligen Eherecht, das übrigens bis 1988 Gültigkeit hatte, wäre mein Mann allerdings befugt gewesen, mir das Ausüben eines Berufs zu verbieten. Er war aber der Frauenemanzipation gegenüber aufgeschlossen und hat mir immer meine eigene Berufstätigkeit zugestanden, auch wenn es für ihn nicht immer leicht gewesen ist. Zudem: Schon als Praktikantin und später als Anwältin und Richterin habe ich zur Genüge mitbekommen, wie schwierig die Situation vieler Frauen nach einer Scheidung war. Waren sie nicht oder nur ungenügend ausgebildet, erwies sich ihre persönliche und finanzielle Lage als sehr prekär. Mir verhalf meine Berufstätigkeit, die 1974 in die schöne Arbeit als Bundesrichterin überging, nicht nur zu viel wertvoller Erfahrung und Menschenkenntnis, sondern auch zu finanzieller Unabhängigkeit – eben dem Gefühl von einer ökonomischen und persönlichen Freiheit, die unsere Mütter noch kaum hatten erfahren können, die meine Generation mühsam erkämpft hat und die für die neue Frauengeneration heute zum Glück weitgehend selbstverständlich geworden ist.

Margrith Bigler-Eggenberger wurde 1933 in Niederuzwil SG geboren. 1953 begann sie in Genf mit dem Studium der Rechte, das sie 1959 in Zürich mit dem Dr. iur. abschloss. Schon während des Studiums engagierte sie sich in der Sozialdemokratischen Partei und war Mitglied der juristischen Kommission der SPS-Frauen. Nach ihrer Heirat folgte sie ihrem Ehemann nach Ins BE. 1961 bestand sie das Staatsexamen als Anwältin. Nach Annahme des Frauenstimm- und -wahlrechts 1971 wurde sie ein Jahr später in den Grossen Rat des Kantons St. Gallen und kurz darauf als Ersatzrichterin an das Bundesgericht in Lausanne gewählt. 1974 übernahm Margrith Bigler-Eggenberger das Vollamt einer Bundesrichterin. Sie war während siebzehn Jahren die einzige Frau unter 29 Männern. 1996 wurde sie pensioniert. Sie ist verwitwet und lebt in St. Gallen.

Heliane Canepa

»The sky is the limit.«

Mein Lieblingsspruch lautet: »The sky is the limit.« Das Verrückte ist ja, in unseren Breitengraden wird man immer zu falscher Bescheidenheit erzogen, ich sage ausdrücklich falsch, denn diese Art von Bescheidenheit unterdrückt den natürlichen Ehrgeiz des Menschen nach Entfaltung. Schon den Kindern wird zu Hause und auch in der Schule gesagt: Halte dich zurück, denk klein. Ich sage: »Think big!« Als ich als sportliches Greenhorn angefangen habe, Marathon zu laufen, habe ich gesagt: Den will ich gewinnen. Da haben alle gesagt: Du spinnst, typisch Heliane! Natürlich habe ich ihn nicht gewonnen, aber ich wurde fit. Auch in den Firmen, die ich geleitet habe, habe ich die Zielvorgaben immer hoch angesetzt. Als ich zu Nobel Biocare kam, habe ich den Analysten gesagt, der Dentalmarkt sei eigentlich fünfzig Milliarden Euro wert. Riesengeschrei: Nein, nie im Leben, höchstens zwei Milliarden. Da habe ich erwidert: Ja, aber wenn wir alle Leute mit Zahnproblemen dazu bringen, zum Zahnarzt zu gehen, liegen fünfzig Milliarden Euro drin. »Think big! The sky is the limit.«

Dieser Satz ist schon früh in mein Leben getreten, keine Ahnung, wo ich ihn aufgeschnappt habe. Ich wollte einfach etwas erreichen, das mir Spass macht und womit ich Erfolg habe. Dann hiess es vonseiten meiner Eltern, Lehrer und anderer gescheiter Leute sofort: Aber du bist kein Genie in dem Bereich und kein Genie in diesem Bereich. Da habe ich erwidert: Aber dafür in jenem. Das ganze Schulsystem ist doch darauf ausgerichtet, den Schülern zu vermitteln: Du bist nur ein kleines Würstchen. Ja, klar, bin ich nur ein kleines Sandkorn in der Welt. Nur, es kommt darauf an, was ich daraus mache, wie ich mein Potenzial nutze. Auch meinen Mitarbeitern habe ich immer gesagt: Ihr könnt das! Reaktion: Nein, das können wir nicht, das haben wir noch nie gemacht. Und dann haben sie es doch probiert und waren überrascht, wie stark sie wirklich waren. Sie sind in die neue Aufgabe hineingewachsen, einfach so. Wie viele Leute, vor allem Frauen, jammern immer wieder: Ich habe keine Chance, diese oder jene Stelle zu bekommen, weil ich kein Englisch kann. Ja, Menschenskind, dann geh hin und lern es! Als ich selber mit einundzwanzig Jahren nach London gegangen bin, um Englisch zu lernen, hatte ich mir vorgenommen, zunächst das First Certificate zu machen. Das ist die erste Stufe. Die Lehrer sagten, dafür brauchst du ein Jahr. Ich aber wollte innerhalb eines Jahres auch noch das Proficiency haben. Unmöglich! Da habe ich mir gesagt: Verdammt! Wieso nicht? Wenn ich viel lerne, müsste es doch gehen. Und natürlich ist es gegangen. Solche Erfahrungen haben mich darin bestärkt, an meine Fähigkeiten zu glauben: »The sky is the limit« und sonst gar nichts.

Als ich bei Schneider, einem Unternehmen im Bereich Medizinaltechnik, angefangen habe, ging das Theater wieder von vorne los: Wie willst du das schaffen? Du hast doch keine Ahnung von Medizin. So what! Wenn man interessiert ist an einer Sache, kann man vieles lernen. Am Ende meiner Zeit bei Schneider hätte ich wahrscheinlich selber mit dem Ballonkatheter eine Dilatation am Herzen machen können. Am Anfang habe ich mit den Ärzten ein Röntgenbild angeschaut und nichts gesehen. Ein Doktor: »Frau Canepa, sehen Sie die Verengung in der Arterie?« Und ich: »Nein, ich sehe gar nichts.« Zehn Jahre später habe ich jede Verengung gesehen und konnte deren Grad in Prozenten angeben.

Ich glaube, es ist der calvinistische Einfluss, dank dem uns eingetrichtert wird, bescheiden und ja nicht zu erfolgreich und happy zu werden. Amerika ist anders. Darum gefällt mir das Land auch. Da kannst du dir grosse Ziele stecken und wirst nicht gleich geköpft. Andererseits gewöhnt man sich mit den Jahren ans Geköpftwerden. Klar, habe ich in Positionen wie bei Nobel Biocare polarisiert, da gibt es immer Leute, die dich nicht mögen. Aber diesen Preis zahle ich gern dafür, dass ich mit sechzig Jahren zurückschauen und sagen kann: Hey, ich habe wirklich etwas aus meinem Leben gemacht. Und es ist noch nicht zu Ende!

Heliane Canepa wurde 1948 im österreichischen Vorarlberg geboren und lebt seit 1972 in der Schweiz. Von 2001 bis 2007 arbeitete sie allerdings in Schweden, als Präsidentin und CEO der Nobel-Biocare-Gruppe, der Weltmarktführerin für Zahnimplantate. Vor dieser Zeit war sie während zwanzig Jahren CEO von Schneider Worldwide, einem Medizinaltechnik-Unternehmen mit Sitz in Bülach. 1995 und 2000 wurde sie zur Unternehmerin des Jahres gewählt, 2006 erhielt sie den Swiss Award für Wirtschaft. Sie ist mit Ancillo Canepa, dem Präsidenten des FC Zürich, verheiratet und lebt in Rüschlikon ZH.

7

Dieter Meier

»Werdet wie die Kinder.«

Auch in der Bibel, einem Buch, das mir als Knirps, weil dort in verdrechselter Sprache Gottes Wort geschrieben steht, Respekt einflösste und auch ein bisschen Angst, steht Kluges. Ob es direkt vom jüdischen Wanderprediger J. C. stammt oder aus der Tradition verschiedenster Weisheiten zusammengeschustert ist, spielt selbstverständlich keine Rolle.

Dass keiner der Evangelisten den Wundermann aus Nazareth persönlich kannte, macht die Heilige Schrift zu einem Fabelwerk, das sich über Jahrhunderte bewährte, weil es der Politik der global agierenden Seelen- und Beutelschneider des Vatikans immer wieder angepasst werden konnte wie die Sage des Schweizer Nationalhelden Wilhelm Tell, die in Dänemark ihre Wurzeln hatte, bevor sie die Befindlichkeit des Alpenvolkes spiegelte.

Doch nun zum Satz, der dem Gottes Sohn auf Erden zugeschrieben wird, dem ich bei allem Tun in meiner zufälligen

Hülle als Meier zu folgen versuche, der da heisst: »Werdet wie die Kinder.« Die anarchistische Sprengkraft dieser Aufforderung angesichts des Sündenfalls der Erkenntnis und als Folge davon der Verschüttungen der göttlichen Absicht, die in jedem von uns als Kind angelegt ist, hat schon dem grossen Frager und Dialektiker Sokrates Kopf und Kragen gekostet, weil er angeblich die Jugend verderbe, indem er ihr normiertes Erwachsenen-Denken hinterfragte.

Im Sinne der staatstragenden Gleichschaltung des Kindes als Erwachsenen, die als Mittel zum Zweck der Machterhaltung egal welcher Couleur instrumentalisiert wird, hat der griechische Stadtstaat folgerichtig reagiert und den Frager Sokrates als staatsgefährdenden Dialektiker zum Tode verurteilt.

»Bleiben wie die Kinder« können wir, seit die Frau Adams vom Baum der Erkenntnis den Apfel vernascht hat, leider nicht mehr, das wäre allenfalls kindisch. Nein, ein Leben lang sollen wir das Kind in uns suchen, und dass Gott mit oder ohne Bart uns dabei helfe, wäre doch eine schöne Aufgabe für den Allmächtigen, von der er sich aber selbstverständlich auch wieder feige drückt, der Weltmeister im Wegschauen, damit seine Schäfchen, vom Wahnsinn der Konsumgesellschaft immunisiert, eben nicht *werden* wie die Kinder, weil sonst die kapitale und globale Menschenverwertungsmaschinerie ins Stocken geriete.

Als junger Taugenichts lebte ich im Luxus, mich der Sinnstiftung als verwertetes Subjekt einer selbstzerstörerischen, global agierenden Gesellschaft, deren einziges Agens die Erhaltung der Macht des Kapitals an sich ist, zu entziehen, und bewegte mich jahrelang im schwarzen Loch des endlosen Zweifels an allem.

Nach einer Karriere in der zeitvernichtenden Falle des Irrsinns als Berufsspieler trieben mich Kräfte an, die ich mir erst

Jahre später vielleicht erklären konnte, auf einem öffentlichen Platz in Zürich 100 000 Schraubenköpfe während einer Woche täglich acht Stunden lang in Plastiksäcke à tausend Stück abzufüllen. Damit hatte ich eine Woche lang etwas getan, was so unsinnig war wie das Leben selbst und im utilitaristischen Sinn nicht verwertbar. Es war nur da, weil ich es wollte, und ich näherte mich damit dem Dasein des Kindes, das da ist, nur um da zu sein, und sich bis zum Sündenfall des sogenannten Erwachsenseins auf das Leben im göttlichen Leerlauf konzentrieren kann.

Dieter Meier, 1945 in Zürich geboren, studierte Jus, wurde dann aber Poker-Profi, Performance-Künstler und experimenteller Filmemacher. Seine Arbeiten wurden unter anderem an der Documenta und im Museum of Modern Art gezeigt. Zusammen mit Boris Blank gründete er 1979 die Band Yello, die weltweit Erfolge feierte. Heute betreibt er unter anderem eine Bio-Farm in Argentinien und eine Softwarefirma im Silicon Valley. 2006 erschien seine Kurzgeschichtensammlung »Hermes Baby«. Meier ist verheiratet und Vater von fünf Kindern.

Jörg Stiel

»Übernimm für alles, was du tust oder bleiben lässt, die Verantwortung.«

Als Fussballgoalie hatte ich den schönsten Job auf der Welt. Das waren achtzehn Jahre Highlife, grosse Emotionen, 500 Spiele im In- und Ausland, ich immer im Mittelpunkt – genial. 2004 war Schluss. Das war mein freier Entscheid, weil ich auf keinen Fall in die Situation kommen wollte, dass sich die Leute hinter meinem Rücken fragten, ob der Stiel nicht langsam aufhören sollte. Ein Jahr später bin ich im St.-Jakobs-Stadion in Basel gewesen, damals stand »Zubi« noch im Tor, und habe mir ganz ehrlich darüber Rechenschaft abgelegt, ob ich eigentlich immer noch am liebsten an seiner Stelle wäre. Ich wollte nicht. Das ist gar nicht so selbstverständlich, denn viele ehemalige Profifussballer trauern dem Fussball ein Leben lang nach. Es ist ja auch nicht ganz einfach, im Alter von sechsunddreissig Jahren eine komplette berufliche Umorientierung zu machen. Was hätte ich denn in einer Stellenbewerbung schreiben sollen? Hat achtzehn Jahre im Tor gestanden, spricht mehrere Sprachen und ist nach Ansicht gewisser Leute ein lässiger Typ? Vergiss es. Stattdessen sah ich mich gezwungen, selber herauszufinden, was mir Spass macht, aber auch genug Geld einbringt, um meine Familie zu ernähren.

In den ersten Monaten meiner Neuorientierung war ich total durch den Wind. Plötzlich musste ich aktiv werden, musste Leuten hinterhertelefonieren, nachdem früher immer die anderen mich angerufen hatten. Zuerst habe ich im Direktverkauf für Websites gearbeitet. Das war allerdings nicht das Wahre. 2005 habe ich mich selbstständig gemacht und meine eigene Firma gegründet, die mitStiel GmbH, eine Agentur für Kommunikation. Diese Firma gibt es immer noch, und ich habe Mandate für den Schweizer Fussballverband, das Schweizer Fernsehen, die Migros. 2007 ist die nächste Firma dazugekommen, die ws4sports AG, die die Distribution von Reusch-Goaliehandschuhen in der Schweiz macht.

In dieser Zeit habe ich auch angefangen, mich von einer Psychologin coachen zu lassen. Ein Satz, den sie mir wiederholt gesagt hat, ist mir hängen geblieben: »Übernimm für alles, was du tust oder bleiben lässt, die Verantwortung.« Kurz: Werd erwachsen! Schon als Goalie habe ich natürlich die Verantwortung übernommen, wenn ich Mist gebaut habe. Das waren sich meine Trainer und Mitspieler von mir gewohnt und schätzten es. Aber mein damaliges Verhalten erfolgte rein intuitiv. In der neuen Phase meines Lebens, den wohl härtesten Jahren, die ich je erlebt habe, war es wichtig, dass ich mir der Verantwortung für mein Tun sehr bewusst geworden bin. Ich, und nur ich allein, habe es in der Hand, etwas aus meinem Leben zu machen, diese Pläne zu verfolgen und jene fallen zu lassen.

Inzwischen zeigt sich, dass alles, was ich an Mandaten übernehme, mit Fussball zusammenhängt, sei es, dass ich die Nationalgoalies beobachte und betreue, für den Fussballverband ein Ausbildungskonzept entwerfe oder fürs Fernsehen Spiele analysiere. Da kann ich an meine Kernkompetenz anknüpfen und natürlich von meinem Namen profitieren.

Was ich noch lernen muss, ist Nein sagen. Das fällt mir brutal schwer. Aber 2006/2007 war ich psychisch und körperlich so erschöpft, weil ich viel zu viel gleichzeitig gemacht habe, dass ich reagieren musste. Seither ist mir klar, dass es auch Teil meiner Verantwortung mir gegenüber ist, Anfragen, die mich stressen, abzusagen. Klingt grossartig. Aber gerade kürzlich bin ich wieder an einem Sonntag, an dem es mir gutgetan hätte, wieder mal frei zu haben, in einem Konfirmanden-Workshop gesessen und habe mit den jungen Leuten und ihrem Pfarrer stundenlang über Gott und die Welt diskutiert. Für Gottes Lohn beziehungsweise drei Flaschen Amarone. Aber so bin ich nun mal. Es besteht noch Lernbedarf, ich weiss.

Jörg Stiel wurde 1968 in Baden AG geboren. Bereits während seiner kaufmännischen Lehre wurde er Torhüter beim FC Wettingen. Später spielte er für den FC St. Gallen, den FC Zürich und für Toros Neza, damals ein Klub in der ersten Division Mexikos. Er beschloss seine achtzehnjährige Goaliekarriere beim Bundesligaverein Borussia Mönchengladbach. Insgesamt bestritt er über 500 Spiele, darunter 21 für die Nationalmannschaft. Heute ist Jörg Stiel Inhaber von zwei Firmen und widmet sich dem Bereich Kommunikation und Fussball. Er ist verheiratet und hat zwei Kinder.

Tilla Theus

»Setz dich mit Menschen an den Tisch,
und du lernst sie kennen.«

Mehr noch als ein Satz ist es der Tisch, der mir wichtig ist und mich seit meiner Kindheit durchs Leben begleitet. Er spielt eine zentrale Rolle. Er gibt mir Halt. Er schafft Ordnung, Klarheit und Durchblick. Für mich ist der Tisch nicht einfach ein praktisches oder dekoratives Möbelstück, sondern ein in allen Lebenslagen unverzichtbarer Mittelpunkt, ja ein Kraftort. Am Tisch finde ich zu mir selber und zu meinen Mitmenschen. »Setz dich mit Menschen an den Tisch«, sagte mein Vater immer wieder, »und du lernst sie kennen.« Es stimmt. Und es stimmt auch, dass ich, wenn ich allein am Tisch sitze, für ganz vertrackte Probleme eine Lösung entdecke und mit mir selber ins Reine komme. Vielleicht hängt das eine mit dem andern zusammen.

Aufgewachsen bin ich in Chur an einem übergrossen Küchentisch in einer übergrossen Küche. Hier machten wir als Kinder unter der Aufsicht der an der Schreibmaschine arbeitenden Mutter die Aufgaben. Hier stritten wir als Geschwister untereinander. Der Küchentisch, obwohl quadratisch, war der intime, dicht abgeschlossene familiäre Kreis. Die an ihm offenbarten kleinen und grösseren Geheimnisse drangen nie nach aussen. Es war der vertraute, verlässliche und Geborgenheit schenkende Ort.

Eine völlig andere, eher offizielle Funktion versah der runde Tisch im Esszimmer. An ihm hörte die Familie bei den Mahlzeiten gemeinsam die Nachrichten und diskutierte meinungsbildend unter der Dominanz des politisch aktiven Vaters. An diesem Tisch, obgleich rund, störten wir als Kinder und später als Halbwüchsige die Versöhnlichkeit mit mal sanften, mal aufsässigen Rebellionen gegen die elterlichen Ideen und gegen die Forderungen der Schule.

Mein Blick zurück in die ersten Lebensabschnitte ist untrennbar und unvergesslich verbunden mit dem Bild der beiden Tische: des familiären in der Küche und des politischen im Esszimmer. Sie haben mich geprägt. Ich brauche Tische aus Überzeugung und Begeisterung.

Der Reisstisch während meiner Studienzeit nahm den Freiraum in meinem Dachzimmer völlig ein. An ihm ass, zeichnete und modellierte ich, an ihm diskutierte ich mit meinen Freunden. Noch heute sind in meinen Wohnräumen die Tische die Lebensmitte: vom vier Meter langen Esstisch bis zum neun Meter langen Arbeits- und Entwurfstisch. Ein quadratischer Tisch füllt in meinem Ferienhaus als zentraler Versammlungsort einen ganzen Raum.

»Setz dich an einen Tisch, und du wirst die Leute kennen lernen.« Der aus eigener Erfahrung abgeleitete Rat meines Vaters bestätigt sich immer wieder als richtig. Ob Geschäftspartner oder Mitarbeiter, Freunde oder Familienangehörige: Nirgendwo anders als am Tisch gelingt der Austausch besser, verläuft das Gespräch intensiver und erkenntnisreicher. Am Tisch öffnen sich die Menschen. Auch für die innere Zwiesprache setze ich mich an einen der vielen eigenen Tische. Dass der Entwurf eines Tisches für mich zu den schönsten und schwierigsten Herausforderungen zählt, ist klar.

Tilla Theus, dipl. Architektin ETH/BSA/SIA, wurde 1943 geboren. Sie studierte Architektur an der ETH Zürich und machte sich direkt nach ihrem Abschluss selbstständig. Heute leitet sie das Büro Tilla Theus und Partner mit sechzehn Mitarbeitenden. Zu ihren wichtigsten Arbeiten gehören in Zürich die Bank Julius Bär, das Bürgerasyl und Pfrundhaus, der Umbau der Swiss Re am Mythenquai, das »Home of FIFA«, das »Widder Hotel« sowie der Umbau des Hotels »Castello del Sole« in Ascona. Tilla Theus lebt in Zürich und Graubünden.

Horst Petermann

»Esst euch heute satt, denn morgen seid ihr tot.«

Als der Pfarrer 1959 im Konfirmandenunterricht zu uns sagte: »Esst euch heute satt, denn morgen seid ihr tot«, war ich wie gebannt. Ich war fünfzehn Jahre alt, ein Kriegskind, das in einer Familie mit sechs Geschwistern aufwuchs und wusste, was es hiess, Hunger zu leiden. Mein Vater war zwar Direktor einer grossen Lebensmittelfirma, aber er führte ein so ausschweifendes Leben mit wechselnden Frauenbekanntschaften und viel Alkohol, dass wir daheim oft Not litten. Kam dazu, dass die Nachkriegszeit für viele Menschen in Deutschland sowieso entbehrungsreich war. So ist meine Mutter dreimal pro Monat Blut spenden gegangen und hat uns Kindern das Sandwich mit nach Hause gebracht, das sie zur Stärkung bekam. Oder mein Bruder ist spätabends zu den Bauern in unserer Gegend geschlichen und hat herumliegende Äpfel, Birnen und Kartoffeln von Feld und Wiesen aufgelesen. Wenn er heimkam, stand meine Mutter mitten in der Nacht extra auf und kochte daraus eine Mahlzeit für uns. Die Angst, am nächsten Tag könne es zu spät sein, sass ihr im Nacken. Wenn es schon mal was zu essen gab, musste es sofort verarbeitet werden. Unvorstellbar, nicht wahr? Aber unser Pfarrer hatte es ja auf den Punkt gebracht: »Esst euch heute satt, denn morgen seid ihr tot.«

Für mich hiess dieser Satz, allem Makabren zum Trotz, auch: »Carpe diem! Lebt heute und geniesst den Tag!« Essen war für uns Leben. Essen war auch Leidenschaft, Sinnlichkeit und Glück. Mein Gott, wie liebten wir es, wenn meine Mutter kochte und die Küche erfüllt war von herrlichen Düften. Kein Wunder, isst und kocht unsere ganze Familie leidenschaftlich gern. Einer meiner Neffen ist ebenfalls Koch geworden und leitet eines der besten Restaurants in Lübeck. Dank diesen frühen Erfahrungen habe ich grossen Respekt vor allem Essbaren entwickelt. Es tut mir noch heute weh, wenn wir im Restaurant Brot wegwerfen müssen. Fische zum Beispiel, von denen ich im Grunde nur die Filets brauche, verarbeite ich zu Tartare, um ja nichts ungenutzt wegtun zu müssen.

Mit den Jahren bekam dann dieses »Esst euch heute satt, denn morgen seid ihr tot« eine neue Aufladung, die mich noch heute sehr bedrückt. Als Chef eines Restaurants wie des »Kunststuben«, das zwei Michelin-Sterne und neunzehn Gault-Millau-Punkte errungen hat, fühle ich mich brutal gestresst. Die kleinste Kritik, und ich bin fix und fertig und zermartere mir den Kopf. Dann flüstert mir mein ehemaliger Pfarrer in schlaflosen Nächten plötzlich »Gib heute alles, sonst bist du morgen erledigt« ins Ohr. Das klingt nur noch nach Last, Druck und erbarmungslosem Ehrgeiz. Da ist nichts mehr von »Geniesse den Tag!« übrig geblieben.

So ist es tatsächlich. Unendlicher Druck ist integraler Bestandteil meines Lebens. Keine Nacht vor zwei Uhr ins Bett und jeden Morgen um neun Uhr wieder auf den Beinen. Immer Neues kreieren, im Wissen, dass kein Beruf so hart beurteilt wird wie der des Kochs. Die Zeit für mehr Gelassenheit und ein befreites Leben ist noch nicht gekommen. Vielleicht kann ich ja dann mit siebzig Jahren loslassen und wieder mit mehr Entspanntheit in den Tag hinein leben – getreu dem einstigen Motto: »Geniesse den Augenblick, egal, was morgen kommt.«

Horst Petermann wurde 1944 in Hamburg geboren. Er wollte eigentlich Import- und Exportkaufmann werden, musste aber auf Geheiss seines Vaters Koch lernen. Nachdem er mit 21 Jahren den Militärdienst bei der Marine absolviert hatte, zog er in die Schweiz, wo er im »Baur au Lac« angestellt wurde. Bis zur Eröffnung seines eigenen Restaurants »Petermann's Kunststuben« in Küsnacht 1982 arbeitete er in den besten hiesigen Hotels. Seit 1990 wird er permanent mit 19 von maximal 20 Gault-Millau-Punkten bewertet. Er ist verheiratet. Seine Frau Iris ist gelernte Wirtin.

Bettina Oberli

»Nägel, die herausstehen, muss man einschlagen.«

Diese Grossmutter! Da hat sie zwar selber ein alles andere als konventionelles Leben geführt, betrieb mit ihrem Mann im hintersten Emmental eine Tankstelle und leitete einen Tante-Emma-Laden, sie waren die ersten im Dorf, die ein Auto und einen Fernseher besassen, und trotzdem trichterte Klara ihrer Familie ständig ein: »Nägel, die herausstehen, muss man einschlagen«, oder auf Berndeutsch: »Negu, wo useschtöö, mues me ineschlaa.«

Dieser Satz hat auch mich nachhaltig geprägt, obwohl ich ihn schrecklich fand und immer noch finde. Da wird einer Gleichmacherei das Wort geredet, die den individuellen Talenten und Fähigkeiten der Menschen niemals gerecht wird. Da werden Flügel gestutzt und Flausen ausgetrieben.

Auf diesem Hintergrund passiert selten Inspirierendes; grosse Würfe sind nicht zu erwarten. Aber genau so funktioniert die Schweiz, das Land des Mittelmasses, in dem eine grosse Sehnsucht nach dem Moderaten, Unspektakulären und Geordneten besteht.

Als Kind hat man ja ein ausgesprochen grosses Bedürfnis nach Anpassung, man will auf keinen Fall anders sein als die anderen. Ja nicht auffallen! So fielen die Worte meiner Grossmutter bei mir auf besonders fruchtbaren Boden. Einerseits. Andererseits aber fühlte ich mich schon immer stark hingezogen zu Menschen, die herausragen. Ich erinnere mich beispielsweise an eine Frau in Meiringen im Berner Oberland, wo ich aufgewachsen bin, die sich sehr speziell kleidete. Mein Gott, wie habe ich die bewundert. Ausserdem interessierte auch ich mich schon als kleines Mädchen für Dinge, die gar nicht ganz der sogenannten Norm entsprachen. Ich spielte leidenschaftlich gern Geige, was für Meiringen schon eine kleine Sensation war, weil dort einfach niemand Geige spielte. Damit geriet ich natürlich in ein echtes Dilemma, aus dem ich mich zu befreien suchte, indem ich meine Geigenstunden auf den Mittag legte, wenn das Dorf leer war und ich unbeobachtet mit meinem Geigenkasten auf dem Rücken zu meiner Lehrerin radeln konnte. Heimlifeiss, nicht wahr? Aber ich hatte einfach zu grosse Angst davor, ein Nagel zu sein, der heraussteht und zur Strafe eingeschlagen wird.

Das brutale, ja regelrecht archaische Bild, das in Grossmutters Satz steckt, hat seine Wirkung auf mich erst verloren, als ich vor dreizehn Jahren mit der Filmschule in Zürich begann. Das war das, was ich wollte und eigentlich schon immer gesucht hatte: diese Kombination aus Musik, Kunst, Literatur, Theater, Tanz. Dass es so etwas in der Schweiz gibt, hatte ich mir gar nicht vorzustellen gewagt. Film? Das war für mich Amerika und Hollywood. Als ich dann eines Tages auf der letzten Seite eines TV-Heftchens eine Beschreibung der Filmschule las, war ich wie elektrisiert. Ich bewarb mich und wurde neben sieben anderen aus hundertzwanzig Interessierten ausgewählt. Vergessen war meine Ausbildung zur Lehrerin, die ich wie meine Mutter, meine Grossmutter und meine Urgrossmutter durchlaufen hatte, um als Frau etwas Rechtes in der Tasche zu haben. An ein Ausüben dieses Berufes hatte ich nie gedacht. Die Filmschule hingegen war eine Offenbarung für mich; es war grandios, meine eigenen Filme realisieren zu können. Ich war einfach nur glücklich und zufrieden.

Dass ich damit einen Beruf gewählt habe, mit dem ich mich stark exponiere, nehme ich heute in Kauf. Solange es um meine Arbeit und berufliche Leistung geht, kann ich inzwischen ganz gut damit leben, dass ich auffalle und manchmal sogar herausrage. Mein Film »Die Herbstzeitlosen«, der mit mehr als 600 000 Besuchern der erfolgreichste Schweizer Film seit fünfundzwanzig Jahren war, ein echter Nagel also, der weit heraussteht, hat mich gelehrt, mit Erfolg und grossem öffentlichem Interesse an meiner Person und Arbeit umzugehen. Das war nicht immer ganz einfach, denn es gibt natürlich immer Menschen, die versuchen, einen so grossen Nagel, wie es dieser Film geworden ist, schleunigst wieder einzuschlagen.

Bettina Oberli wurde 1972 in Interlaken BE geboren. Sie besuchte die Hochschule für Gestaltung und Kunst in Zürich und schloss 2000 als Regisseurin ab. Nach ihrem preisgekrönten Film »Im Nordwind« drehte sie ihren zweiten Spielfilm, »Die Herbstzeitlosen«, der nicht nur im deutschsprachigen Raum auf grosse Begeisterung stiess, sondern auch in Japan, Frankreich und Spanien gezeigt wurde. Bei der Erstausstrahlung im Schweizer Fernsehen im Oktober 2007 erreichte der Film eine Einschaltquote von 58 Prozent. Bettina Oberli hat zwei Söhne und lebt mit ihrer Familie in Zürich.

Ottmar Hitzfeld

»Wer nichts wagt, kann nichts gewinnen.«

Im Alter von sechzehn, siebzehn Jahren habe ich irgendwo jenen Satz gelesen, der sich künftig wie ein roter Faden durch mein Leben ziehen sollte: »Wer nichts wagt, kann nichts gewinnen.« Dass dieser Spruch zu meinem Lebensmotto geworden ist, ist umso erstaunlicher, als ich im Grunde meines Herzens ein sehr treuer, sesshafter Mensch bin, der unter nichts so schrecklich leidet wie unter einem Abschied. So ging denn auch der Versuch, in einem Internat in St. Gallen Fuss zu fassen, so gründlich schief, dass ich bereits nach vier Monaten, krank vor Heimweh, zu meiner Familie in Lörrach zurückgekehrt bin.

Trotzdem habe ich mein Leben lang immer wieder Entscheide gefällt, die Risiken bargen und den Mut zu Trennungen von mir erforderten. Schon als Achtzehnjähriger traf ich eine solche für mich wirklich spektakuläre Entscheidung. Ich war der beste Jugendfussballer beim TUS Stetten, meinem

Heimatklub, und beschloss, zum FV Lörrach, dem Lokalrivalen, zu wechseln. Wer sich im Fussball und Vereinswesen auskennt, weiss, dass ein solcher Schritt für viel böses Blut sorgt. Damit kann man sich Feinde fürs Leben schaffen. Kam dazu, dass einer meiner Brüder bei Stetten spielte und natürlich enttäuscht war, dass ich die Mannschaft im Stich liess. Auch mein Vater, ein Mensch, der sehr auf Sicherheit bedacht war, riet mir, bei meinem alten Klub zu bleiben: »Da weisst du, was du hast.« Aber ich war schon damals sehr ehrgeizig und wollte mich nicht mit dem Spatz in der Hand zufriedengeben. Es konnte mir zwar niemand garantieren, dass ich beim FV Lörrach, der eine Klasse höher angesiedelt war, wirklich zum Einsatz kommen und nicht auf der Ersatzbank landen würde. Trotzdem nahm ich die Herausforderung an.

Das war ein mutiger Entscheid, den ich allein zu verantworten hatte. Im Nachhinein gesehen war er goldrichtig. Ich blieb vier Jahre bei Lörrach und machte Riesenfortschritte. 1971 war die Zeit wieder reif für eine Veränderung. So rief ich Helmut Benthaus, den damaligen Trainer des FC Basel, an, stellte mich vor: »Ottmar Hitzfeld, FV Lörrach, erste Amateurliga, zweimal Torschützenkönig«, und bat um die Erlaubnis zu einem Probetraining. Bereits nach dem zweiten Training hatte ich einen Vertrag auf dem Tisch, den ich begeistert unterschrieb, obwohl mein Vater wieder beunruhigt reagierte und mich zu bremsen versuchte. Der Wechsel zum FC Basel war ein gigantischer Coup, den ich keine Sekunde bereute.

Auch in den folgenden Jahren meines Lebens kam ich immer wieder in Situationen, die mich stark herausforderten. Sei dies 1983/1984, als ich meine erste Stelle als Trainer beim SC Zug antrat, einem Klub, dessen damaliger Präsident Werner Hofstetter als autoritärer Poltergeist galt. Sei dies 1991, als ich zu Borussia Dortmund in die grosse Bundesliga wechselte.

Da hatte ich echt Herzklopfen. Doch der Mut zum Risiko hat sich mehr als gelohnt. Schliesslich wurden wir zweimal Deutscher Meister und einmal Champions-League-Sieger. Als mir Bayern München sieben Jahre später ein Angebot machte, blieb ich relativ cool. Natürlich war mir bewusst, dass Bayern ein sehr exponierter Verein ist, bei dem kein Trainer lange bleibt. Aber immerhin hatte Dortmund dem grossen Bayern klar den Rang abgelaufen. Da musste ich mich weiss Gott nicht verstecken. Ich blieb sechs Jahre in München. Das war ein Fussballmärchen, auch wenn ich am Ende erschöpft war und dringend eine Pause brauchte.

Der Entscheid, 2007 nochmals zu Bayern zurückzukehren, fusste stark auf meinem Leitspruch. Es war ein Wagnis, eindeutig, aber es hat sich gelohnt. Ich habe den Spass an meinem Beruf wiedergefunden. Trainer der Schweizer Nationalmannschaft zu werden, ist alles andere als frei von Risiken. Die Leute erwarten Wunderdinge von mir. Ein anderer würde sich sagen: »Da kann man ja nur verlieren.« Ich sage mir: »Wer nichts wagt, kann nichts gewinnen.«

Ottmar Hitzfeld, geboren 1949, stammt aus dem deutschen Städtchen Lörrach. Der Mathematik- und Sportlehrer ist einer der erfolgreichsten Fussballtrainer der Welt. 2008 übernahm er die Schweizer Fussballnationalmannschaft. Er ist verheiratet und Vater eines erwachsenen Sohnes.

Christa de Carouge

»Schuster, bleib bei deinen Leisten!«

Meine Eltern waren Vorbilder für mich. Mein Vater, Küchenchef, Erfinder der kalten Küche, Verfasser von Kochbüchern und ein weltweit gereister Mensch, verkörperte den strengen männlichen Part, der auf hohe Qualität pochte, gepaart mit Herzblut und Leidenschaft. Meine Mutter, Tochter einer Basler Seidenbandweberin und selber Schneiderin, hatte ein enormes Flair für Mode und repräsentierte das feminine lebenslustige Element bei uns zu Hause. Beide hielten das Motto hoch, das auch mich seit meiner Jugend begleitet: »Schuster, bleib bei deinen Leisten!« Oder anders ausgedrückt: »Bleib dir stets treu!«

Schon früh habe ich damit begonnen, meine eigenen Kleider selber zu entwerfen und von meiner Mutter nähen zu lassen. Als Grafikerin in der berühmten Zürcher Werbeagentur Gisler & Gisler hatte ich viel mit Produkten aus der Modebranche zu tun. Richtig durchgestartet bin ich allerdings erst

1965, sozusagen als Schrägeinsteigerin, die in Genf in die Mode geheiratet und von da an als Modedesignerin im eigenen Atelier gearbeitet hat. Mein erster Mann war Textilkaufmann. Als wir uns nach sieben Jahren scheiden liessen, machte ich kurz darauf den zweiten Versuch mit einer Ehe. Wieder war es ein Mann aus der Textilbranche, mit dem ich allerdings nur ein knappes Jahr zusammenlebte.

Ende der Siebzigerjahre wohnte ich in Carouge bei Genf und verstand mich als Selfmadewoman auf der Suche nach ihrem Stil und Profil. Ursprünglich hiess ich ja Furrer, was französisch ausgesprochen wie »Führer« klingt und schlimme Erinnerungen an die Nazi-Zeit weckt. So sann ich auf einen Künstlernamen, der mir gleichzeitig auch als Label für meine Mode dienen sollte: Christa de Carouge, kurz CdC, wurde aus der Taufe gehoben. Der Bürgermeister von Carouge erteilte mir seinen Segen.

Seither gehe ich meinen Weg konsequent weiter, ich gestehe mir auch das Recht zu, Fehler zu machen, einmal den falschen Stoff zu wählen, ein anderes Mal das falsche Modell – egal, nur auf diese Art kann ich mich weiterentwickeln. Ich bin schräg, fürwahr, und ich werde immer schräg bleiben. Aber ich bin immer zu mir selber gestanden, bin mir treu geblieben, auch wenn es manchmal verlockend gewesen wäre, aus der eigenen Haut zu schlüpfen und eine neue, fremde anzuprobieren. Ich habe genug Kollegen gesehen, die auf diesem Weg Schiffbruch erlitten haben. Wenn ich nochmals anfangen könnte, würde ich alles wieder genau gleich machen. Vielleicht würde ich meine Mode mit den Bereichen Essen und Wohnen verbinden und ein richtiggehendes Lifestyle-Konzept entwickeln.

Heute bin ich eine junge Zweiundsiebzigjährige und stehe voll im Beruf, meiner grossen Leidenschaft, die mich fit und knusprig erhält. Ich brauche keine Wellness-Kuren, ich atme tief durch und bin glücklich, weil ich im Einklang mit mir bin. Dieses »Schuster, bleib bei deinen Leisten!« mag antiquiert und nicht sehr modisch klingen, trotzdem kann ich es auch allen jungen modernen Menschen wärmstens empfehlen.

Christa de Carouge wurde 1936 in Basel geboren. Sie lernte zunächst Grafikerin, bevor sie damit begann, ihre eigenen Kleider zu entwerfen. Dank ihrer Grossmutter, einer Seidenweberin, entdeckte sie ihre Freude an edlen Stoffen. 1963 zog sie nach Genf. 1978 eröffnete sie ihre erste eigene Boutique im Genfer Vorort Carouge, 1988 die zweite in der Mühle Tiefenbrunnen in Zürich. Bis sie das Genfer Geschäft 2006 schloss, pendelte sie. Seither lebt die Modeschöpferin in Zürich.

Daniel Borel

»Success is never final!«

Eigentlich bin ich kein grosser Sammler philosophischer Gedanken. Aber es gibt manchmal Sätze, die einen prägen. Sei es, weil sie der Wahrheit entsprechen, sei es, weil deren Botschaft aktuell ist, oder sei es durch die Realität, die sie widerspiegeln.

Der Satz von Winston Churchill: »Success is never final« (Erfolg ist niemals endgültig) ist einer dieser Sätze, die mich stark geprägt haben. Und zwar so sehr, dass die Beständigkeit, mit der ich ihn zitiere, meine Gesprächspartner mittlerweile zum Schmunzeln bringt.

Erfolg haben, Erfolg geniessen. A priori ist dies nichts anderes als eine legitime Entschädigung für jahrelange Kämpfe, Bemühungen und Entbehrungen. Es wird immer Leute geben, die einem glaubhaft machen möchten, dass man aus dem Misserfolg mehr lernt als aus dem Erfolg, was irgendwie auch stimmt. Aber man muss schon ein beinharter Calvinist oder

Masochist sein, um die Freude zu bestreiten, die einem der Erfolg bereitet. Ich bin weder das eine noch das andere, und ich gebe zu, dass die Erfolge von Logitech, kleine und grosse, stets eine ausserordentliche Motivationsquelle waren. Denn der Erfolg versprüht eine positive Dynamik, die einem Lust macht, über das, was man gerade erreicht hat, noch hinauszuwachsen. Im Extremfall könnte man sogar behaupten, dass der Erfolg – hat man ihn einmal gekostet – zur Droge werden kann!

Das Dumme an jeder Droge ist nur, dass man sich an sie gewöhnt. Man kommt auf den Geschmack. Bis zu dem Tag, wo der Erfolg plötzlich ausbleibt. Es ist wie ein brutaler Entzug, wie ein Elektroschock. Eben noch entwickelten sich die Dinge so von allein, dass man das Gefühl hatte, auf dem Wasser gehen zu können. Doch ein Fehler, und alles verändert sich. Jeder Tag ist ein neuer Tag. Während man selbst vielleicht auf den Lorbeeren ausruhte, schritten andere weiter voran. Und in einer vom Wettbewerb geprägten Welt, die sich extrem schnell verändert, garantieren die Erfolge von gestern nicht zwangsläufig den Erfolg von morgen.

In den letzten fünfundzwanzig Jahren mit Logitech hatte ich mehr als einmal Gelegenheit, festzustellen, dass der Erfolg niemals endgültig ist: »Success is never final.« Wir mussten einige Krisen meistern, obschon – rein theoretisch – unserem Wachstum nichts im Wege gestanden hätte. Jeweils ein heilsames Erwachen, glücklicherweise ohne grössere Schäden. Dennoch musste man sich schmerzhaft hinterfragen. Und dies zu einem Zeitpunkt, an dem man glaubte, dass der Erfolg »ad vitam aeternam«, also auf ewig, gesichert sei.

Es gilt auch festzustellen, dass man nicht immer genau weiss, womit der Erfolg zusammenhängt. Es gibt – leider – kein Rezept, das man einfach niederschreiben oder verwenden könnte. Und jetzt, mit dem notwendigen Abstand und in aller

Bescheidenheit, glaube ich, dass zusätzlich zu all den Bemühungen, der geleisteten Arbeit und den Fähigkeiten, die man in ein Projekt gesteckt hat, der Faktor Glück wichtig, wenn nicht gar entscheidend ist – vielleicht mehr, als man es sich eingestehen möchte.

Manchmal ist es genau dieses flüchtige Element, das den Unterschied zwischen Erfolg und Misserfolg ausmacht. Beispielsweise das Glück, mit dem richtigen Produkt zum richtigen Zeitpunkt am richtigen Ort zu sein. Oder das Glück, mit motivierten Mitarbeitern rechnen zu können.

Auch wenn man den Erfolg kosten soll und muss, so denke ich, dass man dies mit einer guten Dosis Ehrfurcht tun sollte. Ich habe in zahlreichen Bereichen zu viele renommierte Firmen gesehen, die fusionieren mussten, die zerstört wurden oder ganz einfach verschwanden, weil man glaubte, dass der Erfolg gesichert sei.

Im gleichen Atemzug muss man festhalten, dass der Misserfolg nicht unbedingt ungerecht ist. Man muss sich nur bewusst sein, dass der Erfolg weder eine einzufordernde Schuld noch eine gerechtfertigte Entschädigung für die aufgewendeten Bemühungen ist. Und dass in jedem Fall der Erfolg niemals endgültig ist – »success is never final«.

Daniel Borel, geboren 1950, studierte an der ETH Lausanne Physik und in Stanford, USA, Informatik. 1981 gründete er zusammen mit zwei Kollegen in einer Scheune in Apples VD die Firma Logitech. Heute ist Logitech einer der weltweit führenden Hersteller von Computerzubehör (Mäuse, Keyboards, Webcams, Joysticks u.a.). Ende 2007 trat Borel als VR-Präsident zurück, er verbleibt aber im Verwaltungsrat. Er ist zudem VR-Mitglied von Nestlé. Daniel Borel ist verheiratet, Vater dreier Kinder und wohnt hauptsächlich in London.

Noëmi Nadelmann

»Was störts die alte Eiche, wenn sich
ein Stachelschwein dran reibt?«

Als Künstlerin ist man ständig Kritik ausgesetzt: Zeitungskritiken, der Kritik des Dirigenten oder Regisseurs. Das ist anders als in den meisten anderen Berufen. Wir stehen in der Öffentlichkeit, und so werden auch Kritik und Lob öffentlich verteilt. Alle sehen es, alle lesen es. Ich sage Ihnen, kaum steht irgendetwas über mich in der Zeitung, rufen mich noch am selben Tag Freunde an und sagen: »Gratuliere, hattest wieder eine super Kritik«, oder: »Ach, du Arme, tut uns leid wegen der Kritik.« Solche Zeitungsartikel werden sofort aufgenommen und kommentiert. Folglich war und ist es für mich wie wohl für die allermeisten Künstler ein grosses Thema, mit Kritik umgehen zu können. Das gilt natürlich auch für den privaten Bereich.

Mein Grossvater, der eine wunderbare schwarze Bassstimme hatte und zu seinem persönlichen Vergnügen Gesangsunterricht nahm, bekam nach seinem ersten Arienabend von einem berühmten Basler Musikkritiker einen schlimmen Verriss und hörte für den Rest seines Lebens mit dem Singen auf. Mein Vater, ein begnadeter Pianist, hatte ihn an jenem Konzert begleitet und seinen Auftritt als sehr gut, aber natürlich noch nicht ausgereift qualifiziert. Diese Einschätzung half meinem Grossvater nicht, er mass der öffentlichen Kritik grössere Bedeutung bei. Mit meinem Vater habe ich oft über den Umgang mit Kritik diskutiert. Er versuchte, mir Mut zu machen, indem er mir beispielsweise die Anekdote des grossen deutschen Komponisten Max Reger erzählte, der einem Kritiker, von dem er sich beleidigt fühlte, folgenden Brief schrieb: »Sehr geehrter Herr Soundso, ich sitze an einem stillen Örtchen und habe Ihre Kritik vor mir, bald werde ich sie hinter mir haben.« Eine andere, ebenso hübsche Geschichte drehte sich um den französischen Schauspieler Sacha Guitry, der von einem Rezensenten wieder und wieder verrissen wurde. Eines Tages trafen sich die beiden erstmals an einer Party, der Kritiker ging auf Guitry zu, stellte sich ihm vor und entschuldigte sich für die vielen Verrisse. Guitry erwiderte lächelnd: »Ah, vous écrivez?« – »Ah, Sie schreiben?«, und wandte sich ab. Solche Geschichten waren tröstlich für mich.

Geholfen haben mir auch viele, viele Kantinengespräche mit Kollegen, auch berühmten Männern und Frauen, in denen mir immer klarer wurde, wie wichtig es ist, sich sowohl von negativer als auch positiver Kritik unabhängig zu machen. Wer wegen eines Lobs euphorisch wird, stürzt wegen eines Verrisses, der in jeder Karriere so sicher wie das Amen in der Kirche einmal kommt, todsicher ab. Was wirklich zählt, sind das eigene Gefühl und das eigene Urteil. Man sollte sich selber der wichtigste Gradmesser sein. Um diesen Punkt zu erreichen, durchläuft man einen harten, langen Prozess, der auch mit Tränen verbunden sein kann.

Eines Tages ist mir dann der Satz »Was störts die alte Eiche, wenn sich ein Stachelschwein dran reibt?« über den Weg gelaufen. Entzückend, nicht wahr? Dieses Bild hat mich sofort angesprochen: Da steht diese alte starke Eiche, tief verwurzelt im Erdreich, und geht locker mit den Kratzern um, die ihr ein Stachelschwein zufügt, ja spürt sie vielleicht nicht einmal. Das war mein Satz, und ich wusste sofort: So möchte ich auch werden, dieses Eiche-Gefühl möchte ich auch entwickeln. Inzwischen schaffe ich es bereits zu 80 Prozent, Eiche zu sein. Zugegeben, wenn ich krank oder müde bin, kann mein Wert etwas sinken, aber wenn ich im Gleichgewicht bin, mich gesund fühle, gut singe und weiss, dass es auch all meinen Lieben gut geht, erreiche ich bereits – na ja – 82 Prozent.

Noëmi Nadelmann, geboren 1962, stammt aus einer Zürcher Künstlerfamilie. Nach dem Abitur absolvierte sie ihre Gesangsausbildung in den USA und gab ihr Debüt als Musetta in Puccinis »La Bohème« in Venedig. Sie ist die bekannteste Sopranistin der Schweiz und singt an zahlreichen internationalen Opernhäusern – darunter das Opernhaus Zürich, die Opéra national de Paris, die Opera New York, die Wiener Staatsoper, die Staatsoper Berlin sowie das New National Theatre Tokyo. Sie ist in bedeutenden Konzertsälen Europas sowie als Oratoriensängerin zu hören und tritt auch an verschiedenen Festivals auf. Einem breiten Publikum wurde sie als Jurorin in der Talentshow »Music Star« des Schweizer Fernsehens bekannt. Noëmi Nadelmann ist Mutter einer vierzehnjährigen Tochter und lebt in der Altstadt von Zürich.

Remo H. Largo

»Sind Wolken Lebewesen?«

Wenn Kinder die Wolken betrachten, sehen sie Drachen, Löwen, Elefanten. Sie projizieren Figuren in die Wolken hinein. Bis zu einem gewissen Alter gehen Kinder davon aus, dass alles, was sich bewegt, lebendig ist. Und damit auch die Wolken.

Der Genfer Entwicklungspsychologe Jean Piaget hat eine Studie gemacht, in der er herausfinden wollte, wann etwas für Kinder lebendig ist. Eine der Fragen, die er stellte, war: »Sind Wolken Lebewesen?« Ich bin in den Siebzigerjahren während eines Aufenthalts in den USA auf diese Studie gestossen. Doch die Frage, was Leben ist, trieb mich schon viel länger an. Und sie beschäftigt mich noch immer.

Ich kann mich erinnern, dass ich eines Tages, es muss im Kindergartenalter gewesen sein, merkte, dass ich mich veränderte. Ich war nicht mehr der Gleiche wie ein Jahr zuvor. Diese Erkenntnis, dass das Leben einen zeitlichen Ablauf hat, ist ein wichtiger Schritt in der Entwicklung eines Kindes. Davor lebt es in einer statischen Welt: Das Kind ist da, Mutter und Vater sind da, die Katze ist da. Es war gestern so, es ist heute so, und es wird morgen so sein.

Das Leben besser zu verstehen, war einer der Hauptgründe, weshalb ich Medizin studierte. Doch es war merkwürdig. Je mehr Wissen ich mir aneignete, desto unverständlicher wurde mir das Leben. Ich wollte ursprünglich Chirurg werden, aber aus gesundheitlichen Gründen war das nicht möglich. So begann ich mich eher zufällig mit der kindlichen Entwicklung zu beschäftigen. Ich untersuchte das Spielverhalten, das symbolische Denken und die Sprachentwicklung in den ersten Lebensjahren. Später galt mein Hauptinteresse den sogenannten Zürcher Longitudinalstudien, in denen wir rund achthundert Kinder von der Geburt bis ins Erwachsenenalter wissenschaftlich begleiteten.

Vielleicht das Wichtigste, was ich aus diesen Studien gewonnen habe, ist der Respekt vor dem Individuum. Jeder Mensch ist ein einmaliges Wesen. Ein Wesen, das so ist, wie es ist, und das sich nicht einfach beliebig verhalten kann. Diese Einsicht ist oft schwer zu vermitteln, beispielsweise an Eltern: Bereits ein Kind kann nur sich selber sein. Jeder Schritt in seiner Entwicklung ist festgelegt. Es sind Gesetzmässigkeiten, die sich über Hunderttausende von Jahren herausgebildet haben.

Wenn man daran herumstudiert, was Leben ist, fragt man sich unweigerlich: Wie entsteht das Leben? Woher kommt es? Es gibt ein paar ungelöste Knöpfe, aber im Grossen und Ganzen halte ich die Vorstellungen von Darwin und der Evolutionstheorie für richtig. Offen bleibt die Frage nach dem Anfang: Gibt es den grossen Uhrmacher, der dieses System von Mikro- und Makrokosmos einmal in Gang gesetzt hat? Für mich ist es müssig, diese Frage aus unserer Froschperspektive beantworten zu wollen. Unsere Möglichkeiten, darüber nachzudenken, sind zu beschränkt. Allein schon der Zeitbegriff, den wir haben, ist sehr subjektiv. Er ist unserem doch sehr begrenzten Leben angepasst. Es scheint mir wahrscheinlich, dass es die Dimension Zeit letztlich gar nicht gibt.

Zur Frage nach dem Leben gehört auch die Frage nach dem Tod. Ich habe mir früh darüber Gedanken gemacht. Anfang der Siebzigerjahre hatte ich grosse gesundheitliche Probleme und konnte mir nicht vorstellen, alt zu werden. Eine Zigeunerin in Paris sagte mir damals voraus, dass ich mit siebenundvierzig sterben würde. Der Mensch konstruiert sich aus seinen Ängsten heraus Vorstellungen, die ihn beruhigen. Ob diese stimmen oder nicht, ist gar nicht so wichtig. Was ich interessant finde: Wir machen uns sehr viele Gedanken, wie es nachher sein könnte. Aber wir beschäftigen uns weit weniger mit der Frage, wie es eigentlich vor diesem Leben war. Diese Frage müsste doch nicht weniger dringlich sein.

Sind Wolken Lebewesen? Ich glaube, der Mensch bildet sich in jedem Alter ein Konstrukt, was ein Lebewesen, was er selbst ist. Im Laufe der Jahre differenziert sich dieses Konstrukt. Und am Ende meint man, es vielleicht ein klein bisschen besser zu wissen.

Remo H. Largo, 1943 in Winterthur geboren, studierte Medizin und Entwicklungspädiatrie. Er habilitierte in Kinderheilkunde und leitete von 1978 bis 2005 die Abteilung Wachstum und Entwicklung des Kinderspitals Zürich. 1993 veröffentlichte er den Elternratgeber »Babyjahre«, von dem bis heute über eine halbe Million Exemplare verkauft worden sind. Auch seine andern Bücher wie etwa »Kinderjahre« (1999) wurden Longseller. Largo ist verheiratet, Vater dreier Töchter und wohnt in Uetliburg SG.

Marc Forster

»Lass dein Herz sprechen, nicht deinen Geist.«

Im Herbst 1998 verbrachte ich einige Wochen bei einem Schamanen in der Wüste Mexikos. Mein Vater und mein Bruder starben einige Monate zuvor, und meine Karriere war in einem Stillstand. Den Schamanen traf ich durch einen Zufall Mitte Mai, etwa zwei Wochen nach dem Tod meines Vaters, in einem Haus von Bekannten zwei Stunden ausserhalb von Los Angeles.

Im Gespräch erzählte ich ihm, dass ich keine Angst mehr vor dem Leben haben wolle, da ich das Gefühl hätte, alles anzuziehen, vor dem ich Angst hätte. Gegen Ende des Abends lud er mich nach Mexiko ein unter der Bedingung, dass ich bereit wäre, dort zu sterben. Im Moment dachte ich mir, dass er dies wohl kaum im realen Kontext meinte, und nahm die Einladung gerne an.

In den folgenden Monaten vor meiner Reise wurde mir aber recht unwohl, und oft hatte ich den Gedanken, wie es wohl wäre, wenn ich wirklich in Mexiko sterben würde. Doch schien mein Leben an einem Punkt angekommen zu sein, an dem ich nichts mehr zu verlieren hatte.

Dieser Aufenthalt wurde zu einem der wichtigsten Wendepunkte in meinem Leben, er war erfüllt von Geschichten, Anekdoten und Wandlungen. Eines dieser Ereignisse fand auf einem unserer täglichen Spaziergänge statt. Wir sprachen normalerweise nie während dieser gemeinsamen Zeit, dem Schamanen war es wichtig, in der Stille zu gehen. Eines Nachmittags nach etwa einer Stunde Stille fragte er mich: »Was siehst du?« Ich beantwortete seine Frage und beschrieb ihm ein emotionales Stimmungsbild, das sich vor mir ergab. Und er wiederholte seine Frage: »Was siehst du wirklich?« Ich war verunsichert, da ich mir nicht im Klaren darüber war, worauf er hinauswollte. Er spürte diese Unsicherheit in meinem Blick. Ein weiteres Mal versuchte ich, seine Frage zu beantworten. Er erwiderte: »Was siehst du mit deinem Herzen?« Ich antwortete nicht. Mein Geist überlegte sich, wie wohl mein Herz diese Landschaft beschreiben würde. Ohne dass ich Zeit hatte, ihm zu antworten, fuhr er fort: »Lass dein Herz sprechen, nicht deinen Geist.«

Marc Forster, 1969 geboren, wuchs in Davos GR auf. Mit zwölf Jahren beschloss er, Filmregisseur zu werden. Nach der Matur studierte er an der renommierten Filmschule der New York University. 2001 gelang ihm der Durchbruch mit dem Film »Monster's Ball«, für den Hauptdarstellerin Halle Berry einen Oscar gewann. Seither gehört Forster mit Produktionen wie »Finding Neverland«, »The Kite Runner« oder dem neuesten James-Bond-Film »Quantum of Solace« zu den gefragtesten Regisseuren Hollywoods. Er wohnt in Venice, Kalifornien.

Die eine Hälfte

Susanna Schwager
Das volle Leben
Frauen über achtzig erzählen

262 Seiten, gebunden
mit Schutzumschlag
Mit Fotos von Marcel Studer
13,5 x 21,2 cm
ISBN 978-3-9523213-4-8
www.woerterseh.ch
(Jetzt auch als Hörbuch erhältlich)

In diesem Buch lassen zwölf Frauen ein ebenso schwieriges wie verrücktes Jahrhundert Revue passieren. Direkt und ungekünstelt erzählen sie von den Rollbahnen und Sackgassen des Lebens, von gefundenen und verlorenen Lieben, von Träumen und Tränen, schwerer Arbeit und blauen Nächten. Sie sprechen von ihren Geheimnissen, ihren Sehnsüchten und Kämpfen, ihren Erfolgen und Niederlagen. Susanna Schwager hat die Frauen in ihren guten Stuben, in einfachen Kammern, in Salons und Ateliers besucht und aus ihren Schilderungen ein schillerndes Kaleidoskop weiblicher Lebensentwürfe gewoben. Entstanden ist kein Lob des Alters, sondern ein Hohelied auf das Leben.

Die andere Hälfte

Susanna Schwager
Das volle Leben
Männer über achtzig erzählen

262 Seiten, gebunden
mit Schutzumschlag
Mit Fotos von Marcel Studer
13,5 x 21,2 cm
ISBN 978-3-03763-001-3
www.woerterseh.ch

Wenn alte Männer erzählen, dann krachen die Kanonen, rasen die Räder, schmelzen die Herzen und posaunen die Trompeten. Susanna Schwager ist neben dem Fortissimo auch den leisen Tönen gefolgt und hat eine unbekannte Landschaft betreten: die dunkelzarte Seite des Männer-Mondes. Da sind auch Melodien zu finden, die zu Tränen rühren. Zwölf sehr unterschiedliche Herren über achtzig haben die Schatzkammern ihrer Erinnerung geöffnet. Mut, Kraft und Stolz, aber auch Versagen und Fehler verweben sich zu wunderbaren Geschichten und lassen die Gewissheit entstehen, dass es nichts Besseres gibt als Männer. Und Frauen. Und das volle Leben, hier und jetzt.